孩子不同 需要不同

****

因材施教的藝術

****

查爾士·包宜博士　著

大衛·波海博士

羅伯·若姆博士

王茂彩　譯

余宗澤　審訂

孩子不同，需要不同　　　　　　　　　　**9803**

作　　者：查爾士·包宜、大衛·波海、羅伯·若姆
譯　　者：王茂彩
發 行 人：李長安
出　　版：中 國 學 園 傳 道 會 出 版 部
發　　行：台北市新生南路 3 段 52 號 7 樓
電　　話：（02）23629539　郵撥帳號：01143289
網　　址：www.ccea.org.tw/~tccc
電子信箱：tccc@tptsl.seed.net.tw
承　　印：世和印製企業有限公司
登 記 證：行政院新聞局登記證局版臺業字第 1777 號
中華民國八十九（2000）年三月一版七刷

Different Children, Different Need

By Charles F. Boyd, David Boehi, Robert A. Rohm
Translated by Shirley M. Wang
Originally published in the U.S.A.
By Multnomah Books, a part of the Questar publishing
Family under the title Different Children, Different Need
Copyright 1994 by Charles F. Boyd
Chinese edition published by permission
Mar 2000, Seventh Printing

國家圖書館出版品預行編目資料

孩子不同需要不同 ：因材施教的藝術 / 查爾士
·包宜 (Charles F. Boyd) ,大衛·波海 (
David Boehi) ,羅伯·若姆 (Robert A.Rohm)
著 ；王茂彩譯.-- -- 版 -- 臺北市 :中國
學園 ；民 87
譯自;Different children, different
needs:the art of adjustable parenting
ISBN 957-8972-30-X(平裝)
1.兒童心理學　 2.育兒

173.1　　　　　　　　　　 87016209

爲人父母，最常犯的錯誤，就是以爲孩子"要像自己一樣"。比方說，一個樂於搖旗率眾、冒險犯難的父親，或許會受不了戰兢戒愼、動作緩慢的兒子。《孩子不同，需要不同》提供了實際的幫助，讓父母們眞正了解，是甚麼原因使孩子有他們的行爲表現，然後自我做適當的調整，以期滿足孩子獨特的需要。

丹尼斯・雷尼

Dennis Rainey

家庭生活雜誌　執行董事

　　在我針對教養孩童所涉獵的書籍中，《孩子不同，需要不同》是最爲精彩豐富的指導手冊之一。易懂的文字裡，道出許多可以邊讀邊做的實際操作說明，俾使讀者能按部就班的學習許多嶄新的教養之道。帶來的收穫，不只是爲人父母更加了解自己，而且對孩子的差異與特點，也有更進一步的認知。查爾士・包宜將所有的資訊連接於實用而又令人耳目一新的基本做法。本人深信此書將爲那些願意一試的家庭，帶來欣欣向榮的改變。

希格・希格拉

Zig Ziglar

金克拉公司　董事長

　　本人有幸成爲查爾士・包宜多年之交，並親眼看見他爲全國的父母們，建立起一項美好的事工。而今，他萃取許多經過測試的原理，創立出這個有力的工具，來建造緊密結合的家庭——那就是《孩子不同，需要不同》。你若願意縮短家人間的距離，並增加彼此間的親密度、見識與溝通，這本書即是爲你而作。

約翰・春特

John Trent

鼓勵的話語　總經理

********** 目 錄 **********

不一樣就是不一樣

誠如作者所言，這是一本不一樣的書，是一本探討與您生命息息相關的書，是可以帶給您以及您的家庭成長與改變的書。

個人接觸"迪愛史希[DiSC]"行為模式，是在一九九一年初。這個訓練課程，改變了我與人互動的模式，讓我在對自己的了解與人際關係上，有極大的突破與助益。以往我雖自認對自己有相當程度的了解，但從來沒有人可以很肯定的告訴我，我所了解的自己正確與否。這個"迪愛史希[DiSC]"訓練課程所使用的量表與其電腦報告，不僅證實了我對自己的了解，更指出我可以努力突破的方向。因而，後來我也投入了"迪愛史希[DISC]"課程的推動。這些年來，看到近兩萬個接受過這個訓練的學員中，有許多人如我般獲益良多，眞感到無比的鼓舞。

這本"孩子不同，需要不同"眞是與眾不同。雖然它是一位牧師寫的，因而書中引用了一些聖經章節與故事，但它卻是國內第一本以"迪愛史希[DiSC]"為主軸，來剖析與教導我們如何與孩子互動的書。它從"迪愛史希[DISC]"的角度，讓我們了解，每個孩子都不一樣，不一樣就是不一樣，不一樣並不代表錯誤或不好，同樣的，每個父母也都不一樣。有了這樣的認識後，本書進一步讓我們知道如何因勢利導、因材施教，培育您的獨特寶貝，使他能出人頭地，與眾不同。

很高興「學園傳道會」能取得這本書的版權，並將它翻譯出來，以饗讀者。這幾十年來，「學園」在培育青少年的品格與信仰，並推動健全婚姻、家庭上的努力，是大家有目共睹的。相信您買了這本書，讀了這本書，並運用了其中所教導的原則後，必會讓您在教養孩子時，愉快又有效率，而且滿了祝福與恩典。

余宗澤　1998年11月寫於
約明婚前／婚後諮詢中心
愛家基金會

前 言

這不是一本書而已。雖然它看起來、摸起來都像是書，但請不要當它僅僅是一本書；至少不要當成你以為的一般書籍。

大多數的書籍，在讀過後，就被放回書架上束之高閣。這些書雖能提供資訊和娛樂，但往往看過就被遺忘了。甚至於傳授錦囊作法的建言，也常被忽略。舊書攤上不就充斥著無數這種已失去保存價值的書嗎？

我希望這本書能與眾不同。即將向你展現的內容，將以意想不到的方法，重整你對為人父母這個任務的想法。我禱告的是，當你念完這本書時，你將會大不相同，或至少想法會煥然一新──不論是就你的配偶、孩子、父母、或其他任何人。這項教材已經在我自己和妻子凱倫身上產生這樣的影響，我也親眼看見，許多父母參加以本教材為主體的研習會後，也有同樣的經歷。

對於教養類書籍的涉獵，切勿止步於此，因為還有許多你該知道的教養知識，並未囊括於內。為此，我在本書的末尾，納入了參考書籍的資源部份，以期助你裝備自己，成為更好的父母。

不過，《孩子不同、需要不同》立下了一個關鍵性的基礎。本書以聖經箴言二十二：6 的教導為基礎，所闡述的原理可作父母們行事的依歸。若不運用本書所述之"圖像"原理，孩子們將會遭受負面的影響。但是，你若相信箴言二十二：6 的教導，並且願意實際運用從本書領會的心得，你的孩子將會豁然明瞭神在他身上的設計與所賞賜的才幹，懷著信心與歸屬感成熟長大。

感　謝

在我著作此書的過程中，獲得許多人的協助與鼓勵。特別感謝卡爾森學習公司(Carlson Learning Company)的領導團隊鼎力相助，其中包括：湯姆・瑞奇、撒拉・李肯、芭芭拉・梅斯、以及克萊德・韓森。

還有許多同事、朋友也加入支援。瑞奇・梅斯發行了我的處女作《夫妻剪影》，藉此領我走向更多的機會。丹・考夫曼、若絲美・瑪姬、莎樂・米勒、布萊恩・布瑞立、以及凱・戴比，在讀過初稿後，向我提出許多寶貴的建議。

珊竹・瑪玟與羅伯・若姆這兩位精於說故事的人，在電話裡給予我非常發人深醒、又深具教育價值的對談。而大衛・塔普利在中午的餐敘中，將我從棄筆的邊緣挽回，鼓舞我堅持到底。

史提夫・法拉首先鼓勵我以此主題為文著書，接著又與各出版商多方接觸，最後達成與奎思特出版公司的簽約。維思・尼爾慷慨的准予我採用他針對優、缺點所提出的精湛研究，並將之載入附錄A內。

與奎思特出版公司的工作團隊，包括唐納・傑克森、史提分・巴克夫、丹・瑞奇，還有蜜雪・田納森間的合作都甚為愉快。

道格・德利領我認識了DISC模式的學說，並因此改變了我的一生。

多年來，我的好友兼同事羅伯・若姆博士一直是我所信賴的忠告者。早先，我倆共同合作出DISC模式的基本形式與說明。若姆博士不僅對DISC的原理有紮實的了解，而且還獨具化繁為簡的能力，使人易於領會。他所提供的許多故事與畫面，使這本書生趣盎然。

除了上述多位的協助與見解外，若是少了大衛·波海，這本書就無法問市。大衛用他的才幹、創意與專業一路陪伴我，為我的思緒作打氣、激盪、琢磨、釐清的工作。大衛從不懈怠的要如期完工，這是他的家人可以證明的。若沒有他，我是無法完成此書的。

我想提一下的是，本書中大部分的例子是舉自我本人的家庭經歷，但也有許多是別人願意提出來分享的經驗，然而按照他們的要求，本書將匿名不具。

作者註：為使男性與女性代名詞能以"平等次數"在書中使用，並求避免繁複的"他或她"與"她或他"這類的代名詞，本書內容雙數章將採女性代名詞，單數章使用男性代名詞。

第一部

"教導孩子…"

父母污染 1

爲什麼母親不能接納我本來的樣子？每當我倆在一起時，她不是嫌我針線工夫沒她好、廚藝不如她，就是挑剔我家事料理的比不上她的井然有序。她不但批評我的生活方式，還責備我愛慕虛榮。

"她一心想要把我塑造成另外一種人。而且，只要我們一碰面，她就不停的挑我毛病。"

這種話我聽的太多了！也看過太多鬱卒的孩子到我的診所來，不知該如何應付他們的父母，因爲這些父母慧眼卻不識孩子們的獨特之處。最令人訝異的是，這些所謂的"孩子"，通常是三、四十歲的大人，到了這把年紀，還糾纏在年少時未獲解決的根本問題中。

這回利百加說了同樣的話。她的眼框中盈滿了淚水，是怒氣與悲情的交融。才抽出一張面紙，她就立時陷入啜泣中。眼前一次與母親的衝突，就發生在到這兒來的幾個小時之前。

利百加在一所民間義工組織投入的服務，爲她贏得一個獎項。於是她興奮的打電話通知媽媽這個光榮的好消息。當她正要描述頒獎餐會與所受的殊榮時，母親打岔道："我對那種社交團體之類的事務不感興趣。妳應該把時間花在有建設性的事情上，不要只想到處出風頭。那種事只會讓人變得虛浮，自以爲了不起。"

利百加沒有半點解釋的機會。其實，那個獎項是爲推崇她在都會區裡的青年身上所投入的義務工作，而她從母親那兒得到的回應，卻只是批評。"這是我生命中最大的日子之一，"
利百加說："她卻連一句'恭喜'，或'我以妳爲榮'都不
說。"

利百加向來是個外向的孩子，人緣好，又很合群。凡是她
有心要做的事，就會全力以赴，而且還有辦法呼朋引伴一起投
入。她是那種藏不住情緒的人，這也是她自己不喜歡的一點；
但是這個特性反倒拉近了她與朋友間的關係，讓朋友覺得與她
相處無需矯情做作。

她母親就大不相同了。她是個沉默、謹慎的人，在大庭廣
眾之下會手足無措。只喜歡安靜的談談心、縫縫補補、看幾本
好書。她的居家則是一塵不染，只要有甚麼東西沒有物歸原
處，就會覺得不對勁。

在利百加成長的歲月中，經常碰到的難題就是她在家裡的
清潔工作總是達不到母親的標準。"我無法向你形容，每個星
期六我得花多少個鐘頭做家事，一遍又一遍的擦拭家具，直到
不留下一絲塵跡。反正就是無法博得她的歡心。"在她的家鄉
小鎮上，利百加每每成爲注目的焦點。但每當如此，她的母親
就責怪她愛出風頭。當她參加學校的戲劇演出時，她的母親也
警告他，如果繼續追逐掌聲的話，將來長大就會自大自傲。當
她進入啦啦隊時，母親又說："我實在不懂，有哪個懂事的女
孩，會把這種事當成一種成就。"

利百加覺得，自己已變成母親的種種"應當"與"不應當"
的囚犯。現在她三十五歲了，已婚，有兩個小孩，卻還未獲
釋。她無法享受剛才得到的推崇，因爲在她心靈深處，渴望著
母親的認同，卻就是得不到。

不過，利百加卻驚訝於十歲的女兒蘿莉和外婆有極佳的關
係。"我媽和蘿莉處得很好。這孩子似乎很安於在外婆房裡坐
坐、看看書、玩玩洋娃娃。"

　　"不過我已打定主意，要她將來向外發展，多交些朋友，多見見世面，好好享受人生。"

　　看出其間的諷刺嗎？利百加還不自覺，她正在重蹈這個造成她如此悲憤的覆轍。相同的問題又延續到下一代身上了。

扭曲變形的孩子

　　原本利百加是在與我所謂的"父母污染"這個老問題纏鬥。我們每個人多少都繼承了一些，也都將傳續一些給我們的孩子。

　　甚麼是父母污染呢？就是按照你自己的**觀念**養育子女，要求他們做你認為該做的事，去你認為該去的方向。

　　這聽起來一點也沒錯吧？再怎麼說，哪個父母不是將最好的給孩子？我們要他們感到自信、有本事、又有才能，還要讓他們感到被愛、被關懷與被重視，絕不會故意的打擊他們或溺愛他們。

　　然而，我們常將"最好的"解釋為要孩子照著適用於我們的劇本，來過他們的日子，卻還不自知這就像是在用複寫紙再造像自己一模一樣的人。

　　從一些不喜歡孩子某些個性或行為的父母身上，也可以看到相關的問題。這類父母不願見到孩子重蹈自己的覆轍，於是只要注意到孩子有與自己類似的行為表現時，就會加以大作文章。

　　事實上，在這兩種情況中，我們都將神注入孩子身上的形象給扭曲了。許多自尊心低落與缺乏自信的問題，都衍生於父母不按照神的創造來接納孩子。

　　有句經常被引用的箴言，已經為有效的教養方式立下了基石：

教養孩童，使他走當行的道，就是到老，他也不偏離。

—— 箴言 二十二：6

很多基督徒認為，這句經文只是在教導我們要讓孩子上教堂、上學，別讓他們吸毒、惹禍上身。之後，就算他們暫時偏離正直的窄路，等到他們老的時候，終將回歸到從前教導他們要保持的道德與生活方式。

我對這種普遍的解釋所抱持的問題是，每個孩子都有自己做選擇的能力，而這樣的解釋，並未將孩子的意願列入考慮。我曾看過太多出自良好基督徒家庭的孩子，照樣淪落入放蕩不羈的生活。有些就再也沒有回轉到神面前，或是起初的信仰上。

箴言二十二：6的正確翻譯有著完全不同的意義。"使他走當行的道路"並非指要每個人都走在已設定的道路上。用希伯來文的表達來說，"按照他的道路"就比較好。希伯來文的"道路"是dereck，真正的意義是指針對特殊的內在設計或方向所做的彎曲走向。

因此，這句經文更好的解釋應該是：

配合孩子本性的設計採取適合他的教養方式；直到他長大成熟，也不偏離那樣的生活模式。

這句經文其實是在教導我們要按孩子的本性來培育他們。

記憶金屬

最近，我在電視的Discovery頻道看了一集名為"超越2000"的節目，從中了解一種新的金屬。這個被稱為"形狀記憶合金"的金屬，可以被設定，去記憶某種固定的形狀。假使它原先的形狀被扭曲或是用手折彎了，只要將它置於熱水下沖燙一下，馬上就可恢復原來的形狀。試想，如果用這種金屬製造車身，一旦車身有任何的扭曲凹陷，只要把車子開到附近的洗車場，用熱水沖洗一趟，車子就立刻平整如新了！

我們做父母的，需要發掘孩子天然的類型，並且幫助他們，按照他們獨特的、與生俱來的、神賜的設計來成長茁壯。如此一來，當他們遭遇生命中的衝擊時，將更易於恢復到真正的自我，而不至永久變形。同時，他們的自尊也能保存無遺。

按著孩子的特性教養他們，做起來不如聽起來容易。我們通常在與自己同類型的人相處時，會感到格外的自在融洽。想一想，在你的交友中，很可能包羅了各種不同性情的人，但是其中總有一種是你最合得來的，就是和你同一類型的。

我觀察到，有許多公司行號，也都反映出他們董事長的個性。假如他自己是一個果斷、積極的人，那麼在他的領導管理中，也往往會本能的將這些特質視為不可缺少的特質。他也可能會將比較謹慎小心的、或較偏重人際的員工，視作怠惰、缺乏效率。

漸漸的你會發覺到，公司裡的高層主管，似乎都具有相同的行為模式，就像這個董事長一樣。這有時候會有效，但常常是行不通的。因為這個董事長並不了解，不同的情況需要不同的領導方式。

就孩子而言亦然。神將孩子賞賜給父母們，但是他們下的工夫竟是不停的在使孩子變形！當子女的特質與父母背道而馳時，父母就一心想要剷除這些差異，再以自己看重的特質取而代之。他們常想將孩子再造成自己的形象。

你若想與孩子保持良好的關係，就必須先明瞭神在他身上的設計是甚麼？首先要將你期盼孩子成為的樣式擱在一旁，並且花時間去了解現在的他。

不要誤會，我並非要你讓孩子做主，決定他自己的道路。他們確實需要你的監督與引導。他們需要學習應當如何生活、以及不該如何生活。他們需要你的扶持，來發展他們的信念和品德。

　　然而，當你朝著目標努力以赴時，曉得如何選取可以滿足孩子所需的養育方式，是非常重要的。一方面你要負起孩子成長過程中的雕塑工作，另一方面則要提供孩子居家環境與不住的勉勵，使他們**天然的**性向得以順利發展。

植物的比喻

　　假想你有兩個小孩，然後，將他們視作是神放在你手裡不同的兩樣種子。祂並未告訴你那種子長大後會是甚麼植物，只交待你要妥善栽培它們，才能結出茂盛又甜美的果子。

　　你懂得有些特定的物質，是每一種植物的種子都需要的，就像：水、日光、肥土、二氧化碳。於是你供應了這些基本要素。沒過多久，它們開始發芽了，很快的，你手上有了兩株青翠的幼苗。

　　每過一個星期，它們看起來都不一樣。接著，它們開了花，準備要萌芽結果了。直到這時，你才恍然大悟，原本是一棵蘋果樹和一棵橘子樹。

　　現在，你必須以不同的方式培育它們。它們需要不一樣的水量和肥料、不一樣的修剪和照料。這些做法是完全可以理解的，因為蘋果與橘子就是不一樣。

　　這是對教養所作的一個比喻。當神將孩子賜給你的時候，祂常給的是蘋果和橘子，或是桃子和梨。於是你給了孩子們共同的基本需要，像是：愛、肯定、適當的觸摸、歸屬感與存在的意義。隨著孩子年齡的增長，你會開始注意每個孩子的獨特之處，並調整你的教養技巧，依照每個孩子天然的傾向來培育他們。

　　了解每個孩子的個人風格，只是想要戰勝父母污染這挑戰的一半。你自己也需要明瞭，神在你身上的設計又是如何。

　　認識自己，以及了解對自己的感受，深深的左右著我們與孩子間的互動關係。你需要知道，你自己與孩子的類型間是互補還是抵觸的。

　　在接下去的各章節中，我們將探討"因才施教的藝術"，或是按照設計來教養的方法，也就是將神對你與孩子的設計，都考量進去的一種教養方式。我將展示一個簡易又實用的模式，可以使你：

● 了解你天然的行為傾向，並知道它是如何影響你的教養方式。

● 發掘孩子們的設計。將你與孩子的類型與需要互作比較。

● 調整你的教養方式，以期更有效的滿足孩子的需要。

● 加強你與孩子間的溝通。

● 減少衝突。

● 在家裡開創互勉、合作的氣氛。

　　根本上說，按照設計的教養，是一種可依每個孩子的需要而做調整的教養方式 —— 而且，不需具備心理學的學位就能懂。

　　這本書將永遠改變你對孩子的看法。它將提供一種語言，用來描述、讚美你從子女身上發現的特點。你也會學到一些技巧，能助你配合孩子的特性，採取不同的互動方式。

　　結果，孩子會感到深受器重，而且也會覺得，你是在了解、接納、尊重他原本的樣子，而不是你想要把他塑造成的樣子。這能使孩子帶著健全的自尊成長，並且更能包容生活中形形色色，不同類型的人。

　　本書未就所有教養上的疑難雜症提供解答。還有許多其他的教養原理值得你學習運用。

　　不過，我仍然相信，箴言 二十二：6 才是起跑點。你若不認識自己的孩子，就無法了解他。不了解他，就無法將愛傳遞給他。

　　你可能也碰過很多像利百加一樣的大人。或許她與母親間的關係，讓你有心有戚戚焉的感覺。然而，好消息是，只要你肯接納孩子的本像，就可以斬斷父母的污染。如此一來，你也釋放了孩子，並讓他們有機會成為神心意中的男人和女人。

被拒者的墓誌銘 2

身為牧師，我自認有一項重要的任務，就是到鄰近的麥當勞去扮演"早餐卓別林"。

經過這些年，我認識了不少來吃早餐的常客。又因我似乎總是忙著在作某個課題研究，所以他們常問我"你現在正在探討甚麼題目呀？"

其中一位叫艾咪的朋友，是當地一所小學的英文老師。最近我告訴她有關我的最新任務，也就是這本書時，她立刻坐直了身子說："有樣東西你非看不可！"後來再碰面時，她交給我一疊學生寫的作文。當中有不少發人深省之作。原來父母污染自幼即在孩子身上作用，而且具有強勁的殺傷力。

艾咪在班上出了兩個作文題目。第一題要大家寫一首名為"解決之道"的詩。有幾位學生往取悅父母的方向寫。這兒有一個例子：

取悅父母

我深願使爸媽高興。
　　但試了又試，
　　總是辦不到。
我的動作太緩慢
　　做的也不夠好。
　　還要尋求指點才能理解。

> 我該怎麼辦？
>
> 有時候眞想放棄。
>
> 我知道必須去溝通，
>
> 雖然聽起來有點傻。
>
> 雖然那是一道銅牆鐵壁。
>
> 我還是要克服它。

第二疊以"爲自己寫墓誌銘"爲題的作文中，更不乏令人鼻酸的作品。我一面讀，一面深刻的體會到，孩子在尋找自己在世界上的定位時，所感受的絕望。有位被艾咪形容爲"如天使般喜樂"的女孩，她內心的翻騰，顯然比表面嚴重許多。

> 從前有個女孩，
>
> 她名叫莎拉。
>
> 外表看似完美，
>
> 內心亂如麻。
>
> 只因莎拉在四姐妹中排行老大，
>
> 層層重擔壓肩頭，
>
> 再也無法打理自己。
>
> 成績退步、品德淪落。
>
> 一日，莎拉與"朋友"出遊，
>
> 從此一去未返。
>
> 1992年7月2日
>
> 她的屍體被發現
>
> 飄浮在河面。

接著是另一篇名爲"被拒者的墓誌銘"。非常有創意，幾乎是用超寫實的口吻。但我可看出另一個孩子在吶喊著，希望有人按著他的樣子愛他、珍惜他：

被拒者的墓誌銘

我一出生，就一心求生存。

但這社會的拒收，抹殺了這意念。

我不懂何以那少有益處的舊習，要抹去我的潛意識，

也許我的想法太複雜，致使他們無法接納。

這是傳統設定的處罰，

一種陳舊的觀念，阻礙這精品的永恆存在。

曾有人說生命像團亂麻，亂得足以窒死原版的自己。

用個問題來結尾，

表達意見，

這是生？

還是死？

雕刻出孩子的獨特性

是什麼讓孩子感覺如此？又是什麼使孩子覺得，取悅父母就像要穿透銅牆鐵壁一般困難？沒有任何父母希望自己的孩子寫出這樣的詩句，那麼，父母們到底做了什麼，竟讓孩子感到這麼無助？

在孩子成長過程中，她會越來越了解自己──比如她的喜好與專長。若是她特有的身分被善加栽培──按著原本的樣子被接納，就會帶著自信、能力與健全的自尊成長。可是，假如藉由壓力來要求孩子遵照父母的心意行事，在她長大後，就會覺得自己不夠好，對自己沒把握。

關鍵在於父母要發掘、培養每一個孩子的獨特之處。要開發你的孩子，就必須重視她的個人特質。這種說法又引我們回到教養的基礎點上：**教養孩子，使他們走當行的道路**。正如作

家伊利莎白‧歐康納所述：

> 每個孩子的生命，都預先暗示了她要走的道路。懂得深思
> 的父母，會收藏這些跡象，並且反覆思想。讓我們珍惜每
> 個孩子向我們顯露出她的未來的暗示，不要粗心的攔阻她
> 的路，而要幫助她完成所命定的。這話做起來並不容易。
> 別再不停的吩咐孩子該做什麼、該變成什麼樣子；而應當
> 在孩子的智慧前謙卑下來，相信是在他們裡面，而不是我
> 們裡面，蘊藏著奧秘，亟待開採。

奇妙可畏的創造

聖經囊括了許多振奮人心的章節，描述各個人的獨特性。
詩篇一三九:13-16是我最喜歡的經文之一，描寫神親手造出每
一個與眾不同的人：

> 我的肺腑是你所造的；
>> 我在母腹中，你已覆庇我。
> 我要稱謝你，因我受造奇妙可畏：
>> 你的作為奇妙，這是我深知道的。
> 我在暗中受造，在地的深處被聯絡；
>> 那時，我的形體並不向你隱藏。
> 我未成形的體質，你的眼早已看見了；
>> 你所定的日子，我尚未度一日，你都寫在你的冊
>> 上了。

舊約聖經的原文是希伯來文。文中的"聯絡"（"knit
together"或"woven together"）是指編織或刺繡的璀璨色彩與
圖形。我最近在為家裡買門墊的時候，對這些字句悟出了新
意。在與店裡的銷售員交談間，希奇地了解到地毯的製作過
程。

　　每塊地毯各被架在一座織布機上。同色同形的細線，與底布垂直連接在織布機上，然後用手將染過色的羊毛，在垂直的線股上打結。各種美麗的色線被精挑細選出來，精確的織在細膩的圖案中。

　　一張精緻的東方式圖案地毯內，每平方英吋，約有五百個手打的結。而一張八英吋寬、十二英吋長的地毯，就包含超過三百萬個結。要做成一張偌大的地毯，所需的時間，視工人的多寡而異，大約要兩年多才能完工。

　　銷售員說，真正使這張地毯突出耀眼的主因，來自於"編織大師"的個性與意念所蘊育出的圖案設計。我的思緒剎那間躍入詩篇一三九篇。我們每個人都像一張獨一無二的掛毯，交織著不同的色彩和圖案。試想，地球上有超過六百億的人口，其中找不到兩個一模一樣的人。

　　你與你的孩子，都是在神無限的智慧與慈愛中被造的，而且都散發著神的形象。當你還在母腹中，祂就親手編織。這也提醒了我們，早在我們出生以前，神已賦予每個生命偉大的價值。你的設計與歲月都已在神──這位編織大師的手中設計完成。

　　此外，這詩人也提到"形體"或說"骨骼"。為了能深入明瞭這段經文的原意，我仔細查考了許多評論書籍與希伯來文字典，發現一位極受推崇的評論家利務浦博士，他聲稱這個字的實意是"力量"，並將它譯作"潛能"或是"能力"。他這麼寫道："造物者知曉這個人所蘊藏的能力，因為自知已傾囊授予。"

　　試想，當神造你時，祂已將天然的力量和能力向你注入，編織於內在的底布上。而那些能力與潛力，正是你獨特設計中的一部份，可為神所使用。

充滿巧工與智慧

　　另一段吸引人的經文是出埃及記三十五章，描述摩西與以色列人如何建造會幕，爲要隨時提醒百姓知道神與他們同在。文中顯明神將特有專精的技藝賜給不同的人，都是建造會幕所需的。

> "凡心中有智慧的婦女，親手紡線，把所紡的藍色、紫色、朱紅色線和細麻，都拿了來。凡有智慧，心裡受感的婦女，就紡山羊線。摩西對以色列人說：'猶大支派中，戶珥的孫子，烏利的兒子比撒列，耶和華已經提他的名召他，又以神的靈充滿了他，使他有智慧、聰明、知識，能作各樣的工：能想出巧工，用金、銀、銅，製造各物；又能刻寶石，可以鑲嵌；能雕刻木頭，能作各樣的巧工。耶和華又使他和但支派中，亞希撒抹的兒子亞何利亞伯，心裡靈明，能教導人。耶和華使他們的心，滿有智慧，能作各樣的工，無論是雕刻的工，巧匠的工，用藍色、紫色、朱紅色線，和細麻繡花的工，並機匠的工，他們都能作，也能想出奇巧的工。"（25-26 節，30-35 節）

　　神將**技能**與**智慧**賜給不同的男女，執行不同的任務，而他們也都對那些工作懷有熱忱。

　　神造你的時候，也在你心中注入了力量、能力、潛在的才華、熱忱、愛好與意念。祂將你設計成一種特有的存在樣式。結果是，你若順應這設計，自然會感到滿足；背道而行，自然會感到挫折。

　　順便一提，神在你孩子身上的設計也是如此。

你的行為模式

要按照神的設計養育孩子，就需要先了解神是如何設計你和你的孩子。神的設計可從行為上看出主要的跡象——對事物的做法與看法。每個人都有獨特的行為模式。

行為模式是**重複出現的**，並且**主導著你的舉止行為**，所以影響著你的生活方式。這證明人不是一團不明物的組合體，而是深具高度細膩才情與各樣能力的人。

行為模式是有持久性的。雖然整體個性會隨著成長受到周遭的影響，諸如父母、老師、以及發生在你身上的好事與壞事，但是與生俱來的行為模式是與你寸步不離的。舉例來說：

● 湯米十歲大的時候，得到不少優良善行動章，十七歲已經是鷹級童子軍。二十四歲從大學機械系畢業後，隨即進入一家薪水首屈一指的大公司。三十七歲時，已經一路攀升到本行的頂尖地位。

● 查理十歲的時候，很喜歡拆卸鐘錶和收音機，動腦筋研究運作的原理。進了大學後，他會在下課後，繼續留校鑽研，譬如解剖羊腦、或是作更進一步的化學實驗。年屆四十二時，他任職於美國東岸一家藥廠，擔任問題處理專業顧問。

● 凱瑟玲的成長歲月中，向來重視整齊清潔。她肯花好幾個鐘頭整理衣櫥、或是重新擺設臥房裡的家具。當她步入三十的時候，常被好友誇讚，因為她當時雖然在一家大百貨公司兼半職，卻還能把家裡料理的井然有序。現在五十一歲了，她在市區的一所醫院裡擔任接待部門的主管。

● 悌娜是個心慈面軟的女孩。她會因為看到電視上的兇殺鏡頭，哭得筋疲力竭的睡著了。高中時代，她在當地一所醫院分送糖果。進了大學又繼續主修社會工作。現在二十九歲的她，在都會區擔任協談的工作，幫助那兒的孩子們，並悉心聆聽尋求幫助的人。她自認自己至今仍難控制自己情緒的流露，所以常常會在協談中涕泗縱橫。

這些故事都各自循著同一個路線貫穿發展。每一個實例中的主角，不論年齡增長或是環境變遷，他們的行爲模式都是有跡可尋的。

無庸置疑的，在與主同行的途中，你的靈性與情感也日臻成熟。神要你的**性情**更像基督。可是，神所賜的行爲模式，頂多能作橡樹般的改變。橡樹在一個季節裡是青綠的樹葉，到下一季就發黃，甚至落葉滿地，僅存禿枝了。縱然如此，它仍舊是一棵橡樹。偶爾，你也會有一反常態的舉止出現，但是，你的基本行爲模式並未改變。

還有一點。你的行爲模式將是有持久性的這項事實，並不表示你要做它的奴隸。我只是說我們都有某種典型的傾向，而這典型的傾向常是持續一致的。

你曾說過多少次："我就知道她會這麼做！"或是："那不就像她嗎？"這正因爲每個人都會用某種典型的行爲傾向，回應周遭的人和環境。

碰到綠燈轉黃燈的刹那，你怎麼做？是加足馬力，在紅燈亮起前衝過去呢？還是保險一點，立刻踩煞車？你很可能有一個經常慣用的"黃燈"模式。雖然你不會永遠死腦筋那麼做，但是通常會如此行。

再試一試這個測驗：放下這本書，雙手在胸前交叉。看看你的雙臂，是左臂在右臂上面，還是反過來的呢？隨後再用相反的方式交叉雙臂，會不會感覺怪怪的？

同理，我們之所以經常使用同樣的行爲，就因感覺這些行爲比較舒適，適合我們。這不表示我們做事的方法就被局限在特定的方式上了，但在類似的情況下，我們會傾向於重複同樣的行爲。

你的模式也影響你的行為。你若喜歡挑戰，就肯冒險。你若樂於激勵他人，就願意領導人群。如果重視團隊精神，你就會想找個同伴。假使你害怕犯錯，就會格外謹慎的採取防範措施，確保精確性。

《尋找一份喜歡的工作》這本書的作者馬森和米勒也評論了這個觀念。你和你的模式是一體的。當你尋找工作、朋友、教會、信仰、政治與生命中的每一件大事時，都會透過你的思想模式，也就是一般所說的看法與做法。

順便一提，個性與行為模式雖然相關，卻不相同。個性包括了你的每一部分——你天生的脾氣，再加上你的生活經驗，這又涵蓋了基因的特質、需要、愛好、價值觀、才智、父母的栽培、教育背景、以往經驗的處理方法、文化背景、根深蒂固的社會標準、宗教信仰、偏好與優缺點。個性就是形成你這個人的各種繁複成因的綜合體。

行為模式則是你這個人的**外在表現**，而且是因地制宜。比方說，你在家和在工作時的表現，就不見得完全一樣。你的教養方式，也可能有別於你的工作與社交方式。就像卡爾森學習公司的總經理湯姆‧瑞奇所說："行為模式並不是指你這個人，而是指你這個人做人處事的方式。"懂得這個區別是很重要的。在後續有關教養模式的章節中，我們將更深入的探討，你也會更加清楚明白。

陶土心態

要認清你與孩子都是獨立個體之所以非常重要，是因為那可以減輕你肩頭上的壓力。就以吉姆和仙南的故事為例，當他們的兒子還是個嬰兒的時候，吉姆就常為兒子做白日夢，想像將來兒子會有什麼豐功偉業？"這孩子可能會成為奧林匹克運動會的金牌得主…或是職業棒球員。"

仙南也做著美夢，但與吉姆的不同。"他將來也許會成為諾貝爾獎得主，或是大鋼琴家…甚至有可能是發掘癌症治癒療法的名醫！"在恰當的引導與關愛下，這個奇妙的孩子當然能搖身一變為閃亮之星。

吉姆和仙南的宏偉異象，似乎都隨著小約瑟的成長印驗了。在托兒所裡，他是最聰明的孩子。在游泳班中，他也超越其他同年齡的四歲小孩。進了幼稚園，他的智商高達135分。吉姆和仙南還送他去學鋼琴、踢足球。另外還為他買了堆積如山的書籍和各式各樣教育性的玩具。

後來，可怕的事情發生了。約瑟到了三年級的時候，數學成績得了D。老師告訴這兩位心碎的父母，約瑟沒有認真發揮潛能。他雖然很聰明，卻也很懶散。

吉姆和仙南快急瘋了。他們這曠世奇才般的兒子，怎麼可能會不認真盡力呢？不論他倆多麼賣力的向他請求或是威脅利誘，他就是不肯用功。等到他十一歲時，約瑟變得隨和又與世無爭，學校的成績是B，鋼琴不學了，在球隊裡也是倒數第二爛的打擊手。

你猜仙南和吉姆會有什麼感覺和想法？一點也沒錯！他們奇怪自己那裡做錯了？你若以為子女的將來完全取決於你的所做所為，你就是在準備品嚐失敗的滋味。

根據陶匠與陶土心態的說法，孩子生來就像一塊石板，父母有責任塑造他們的個性、潛力和品德。對這種說法，我只能部分同意。父母親在塑造孩子一事上固然扮演吃重的角色，但是許多人都不了解，神給了每個孩子獨特不變的設計。

大部分專家相信，父母親影響他們下一代的同時，孩子們早已與生俱有自己的性情和特質。齊絲與她的先生湯姆士兩位醫師兼紐約大學精神系教授，根據133位孩子做了一項具有指

標性的研究，從嬰兒期追蹤至成年。他們兩位發現塑造個性的
兩大主力：其一是這個年輕人的性情，另一個就是父母對這些
性情的反應。換句話說，孩子會變爲什麼樣的人，是由天性與
培養所造成的。

美國康州大學兒童發展研究員督曼博士對這問題的解說
是：

在嬰兒潮出生的人，對自己的期許特別高，而且傾向於將
孩子的任何瑕疵，不論是眞的還是想像出來的，都視爲自己的
失敗。他們不知欣賞已經眞正擁有的孩子，反倒拼命編織著理
想兒女的美景。

我最近在一面牆上看到一些勸世警語："孩子不是等著被
鑄造的東西，而是等著被了解的人。"特定配合的教養不是一
視同仁的看待每一個孩子。你不也希望你的配偶、朋友與同事
能顧慮你的好惡與需要嗎？你的孩子亦然。特定配合的教養就
是指因才施教。

總而言之，你若強迫孩子進入一個不適合他的模子裡，就
像是在冒險表示："我不喜歡你本來的樣子，我要視你距我理
想中的樣子有多遠，來決定我是否愛你。"這樣的訊息會導致
這孩子一生都苦於追逐父母的贊同。

一封愛簡

有位朋友讓我看他女兒寫給他的信。這正是我一直希望能
看到孩子寫給父母的那種信。盼望當我的兒女長大時，也會願
意寫這樣的信給我。

爸爸：

我決定坐下來寫這封信，向你陳明我對你的敬愛，因你是
我最珍愛的人，而我恐怕會遺漏任何想對你說的話。我非常尊

敬你與你的信心。我越和自稱爲基督徒的人相處，就越體會你是眞正的良善。我每說一次，就更加的肯定一點——你是我所認識的人中，唯一能言行一致，實踐所傳講的眞道的人，而且毫不勉強做作。你已體會"輕省的軛"的祕訣，這使我對你由衷的敬佩。

你也是我的摯友之一。和你在一起很輕鬆自在。我也喜歡我們之間隨時隨地的交談，以及相互輝映的幽默感。我最愛找你陪我到樹林裡散步，沿路搜集各式各樣的葉子、核果和石頭…我好享受這樣的時光，也將永遠珍藏在心裡。

你是少數幾位肯照著我本來的樣子接納我的人，並不想改變我成爲另一個理想中的形象，或是複製成的樣式。我眞爲此感激你！因爲眞愛就是完全的接納，而不是只挑讓你高興的事。

這封感人肺腑的信，顯示她感受到了接納與安全感。這位父親成功的做到了！

第二部

認　知

你怎麼會是這樣？ 3

第一次與兒子契德的釣魚之行，是我沒齒難忘的經驗。歷經好幾個星期的時間，我認真的計畫這個特別的日子，希望是我首度帶領孩子步入神聖的男性聯盟的良機。我們本打算起個大早，吃一頓豐盛的早餐，然後啓程往一座湖去。破曉時，我們上船，一面緩緩的划過湖面，一面觀賞冉冉上升的晨霧。

我還想好好向契德傳授，如何裝魚餌上鉤、拋竿、和操縱魚餌誘魚上鉤的技術。相信我們至少能釣到法定許可的數量。想必契德也會愛上釣魚，而且會連連懇求我，以後一定要再帶他去。

但是，現實總是有辦法使夢想破滅。就在我們"聯盟時光"的頭一小時裡，契德做了以下幾樁大事：

踩空岸邊，跌進泥淖…

第一次拋竿就纏了線…

打翻魚具箱…把魚線甩進樹叢…

飲料倒翻在魚餌盒裡…

又把魚鉤刺進我的大姆指。

我當時真有**一點**火了。我計畫中完美的日子都走樣了。這根本不是釣魚，簡直就是一場笑話！

後來，我遭到一擊我所謂的"神聖的當頭棒喝"，赫然發現自己把焦點都放在目標的達成，以致忘記了這次出遊的最大用意——與兒子共度良辰美景。"釣魚本身應該不是今天的首要目的"我感覺神在對我說："你兒子才應該是今天的目標所在。"

按照設計教養的第一步

那天，神雖就處事的優先順序給我上了一課，但是，我的
基本走向並未因此而立時轉變。我是那種致力於執行任務、達
成目標的人。喜歡辦正事。若是去釣魚，那就認真釣魚。若是
要在教會建立新事工，就大張齊鼓的進行，然後交棒，繼續迎
向下一項任務。若是剪草，就一鼓作氣剪完它，千萬不要晃蕩
去找鄰居聊天──先把事情做完再說！

帶契德去釣魚的目標是顯而易見的：就是要釣到魚。其
間，任何會阻礙目標，或讓我們分心的情事發生，都會使我感
到非常緊繃與挫敗。

我的論點是，了解自己與自己做事的方法，對我自己是有
益的。雖然我的身分就像我的指紋一般的獨一無二，然而，我
的許多行為是常久一致，可以預料的到的。這也足以影響我的
一舉一動，包括教養孩子的方式在內。所以**按照設計來教養孩
子的第一步驟，就是要先了解你與孩子雙方的行為模式。**

我在前一章介紹過"行為模式"的概念，也就是說，你與
你的孩子們都各自展現著某種典型的舉止行為──不同的想法
與做法。那麼，怎麼知道你們各自屬於那一種模式類型呢？

回想一下，我曾將我們的內在比擬作東方壁毯，是由許多
垂直與平行的織線編織而成。我們的外在表現，也就是我們的
行為模式，也同樣是基於兩個重要的線路：步調與優先順序。

要明白行為模式的第一步，就要先查看這每一股線。然後
將這兩股線編織在一起，產生四種設計，或是典型。

快步調、慢步調

頭一股線軸是垂直的，我稱它為**步調**，意指一個人在生活中行動的快慢。每個人都按著一個內在的馬達運作：有些以高速運轉，有些則徐緩前進。步調的快慢並不代表好壞，只是表明它們不同。

快步調的人可用"做"字當標記，因為他們閒不下來。他們堅定敢言，給人一種強而有力的第一印象。他們外向，將焦

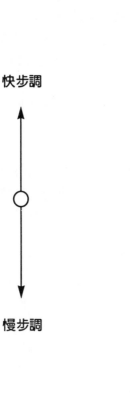

外向
主動
敢冒險
快步調 果決
好勝
有主張
興趣廣
發言／告知

被動
回應
躲避風險
審慎決定
慢步調 合作
動作緩慢
關注特定領域
聆聽/發問

（以上圖表是由家庭行為模式認知手冊提供。）

點都投向外在的人與事上。他們活力充沛,做任何事都很急切。所以,這種人極易對另一端的慢郎中失去耐性,是一點也不令人奇怪的。

他們採取社交主動性,參與各式各樣的組織、社團、事業、慈善工作、家長代表會與教會事工委員會等。他們經常握有領導的職位,喜歡主掌事務。這並不是由於他們喜歡做事,乃是因為對個人價值的自覺,加上喜歡指使別人做事。此外,他們往往會因身兼數職,以致忙得不可開交,窮於應付。

他們傾向於決定迅速,喜歡冒險,充滿了自信,隨時能夠發表自己的意見,高談闊論一番。他們要的是行動,並且以競爭為樂。我曾讀過兩本書,分別名為:《閒下來就有罪惡感》和《帶頭、跟從、不然就閃路》。無庸置疑是出自快步調的作者之手。

慢步調的人的特徵可用"慢慢來...別著急!"這句話為代表。他們的座右銘是:"值得做,就認真做。"他們傾向於文靜、害羞、含蓄、自持。

這種人,不論老少,都很重視安全性。他們行事徐緩,多所思考;也因此比較優柔寡斷。他們很警覺,也盡量避開冒險的情況。不喜歡意料之外的變化或是驚奇。他們傾向於內向,行事多專注於自我世界裡的秩序與安全。

不同於快步調的是,慢步調的人在言談間常常會問:"為什麼?""怎麼會?"與"你的意思是...?"之類的問題。他們往往保留自己的意見,只是暫時說幾句話,而且往往聽多、說少。

個人評量:步調

下面有一些句子,用來幫助你思考自己是傾向於快步調還

是慢步調的人。在每一組句子中，圈選出自認最像自己的一
句：

1. 我做決定通常很迅速。
2. 我喜歡從容地做決定。
3. 我傾向於說話快速，帶著感情豐富的辭藻。
4. 我傾向於慢條斯理的說話，並且較少使用動人心弦的
   話語。
5. 坐著沒事幹，會令我感到難受。
6. 我很享受安靜、無所事事的時光。
7. 我認為自己的生活型態很活躍。
8. 我認為自己的生活方式很低調。
9. 同時身兼數職會讓我感到精神煥發。
10. 我比教喜歡按部就班，一次做一件事。
11. 我很容易對慢步調的人失去耐性。
12. 我不喜歡被催趕。
13. 我會很快的告訴別人自己的想法與感受。
14. 我比較保留自己的想法與感受。
15. 我喜歡碰運氣，嘗試新鮮、不同的事物。
16. 我不喜歡碰運氣，喜歡用熟悉的方法做事。
17. 在社交場合中，我傾向於向別人自我介紹。
18. 在社交場合中，我比較會等別人來介紹我。
19. 別人說話的時候，我很難去傾聽。
20. 別人說話的時候，我會很仔細的聽。
21. 我喜歡掌控。
22. 我比較喜歡遵從指示，盡力支援。
23. 我的反應傾向於迅速而隨興。
24. 我的反應比較趨於緩慢而特意安排。

現在回頭計算，看看自己圈選了較多雙數還是單數的句

子。如果你圈選了較多單數句，表示你比較傾向於快步調。而雙數句子則是在描述慢步調的人。將你圈選的總數記錄下來：

_____ 單數句子的數目／快步調

_____ 雙數句子的數目／慢步調

每逢論及步調的快慢，總會讓父母們多少感到困惑，因爲他們認爲教養應該是一種快步調的行動，尤其當孩子過了學步年齡後。爸爸媽媽們鎭日催趕著孩子，從學校到足球賽，寫功課到練鋼琴，再從家事到雜貨店，隨後又一頭栽進自己的各種責任與活動裡。時間好似永遠不夠用，事情也總沒有盡頭。

不要將快步的教養與在此所述的步調混爲一談。我指的是你的內在的動力馬達。我們可藉由回答以下的問題，來了解它們的差異。當你被迫快速行動時，你會感到舒暢還是窘迫？精力充沛還是上氣不接下氣？同樣的，當慢步調的人被迫進行快速的活動（包括教養在內）時，通常會在一天的末了，身心俱疲。而快步調的人熱衷活動，硬要他慢下來，反而會令他感到鬱悶。

任務導向，人際導向

壁毯上第二股水平方向的橫線，我稱之爲優先順序，也就是你**關注的焦點**——是你行動背後的動機。假如步調是內在**動力**，優先順序就是你的內在**羅盤**，能指引你方向。

日常生活中，有些人屬於任務導向，另一些人則是偏向人際。我再重複，這並無關好壞，純粹是不同罷了。這塊社會織布上，需要各形各色的人。

任務導向的人重視"做事"。他們定訂計畫，並照計畫行事。也比較喜歡單獨做事——這樣才能照自己的意思行事。

他們根據事實與資訊爲決定的依據，不單憑意見與感覺。

獨立	注重關係
自我防衛	輕鬆
冷靜	親切
掌控	扶助

任務導向 ◄――――◯――――► **人際導向**

精打細算	憑感覺
重視時間	彈性運用時間
偏重事實	看重意見
欠缺耐性	隨和

（以上圖表節錄自家庭行爲模式認知手冊。）

　　他們的話題多傾向於工作與任務，鮮少論及人身。即使談到人的時候，也多半是爲了解決問題，而非意在了解他人。

　　在人際關係上，他們也有自我防衛與冷漠的傾向。他們偏向與人保持距離，所以初識時，往往給人一種冷淡，不熱絡的印象。他們有強烈的自我領域感，所以不喜歡彼此碰觸，看起來拘謹端莊，將自我的感情隱藏的很好。要他們閒聊幾句都不容易。

　　人際導向的人注重“與人交往”。他們看起來輕鬆、熱情又很有反應，熱衷於分享與關懷。比較傾向於不拘小節，又有美好的風度。通常也不會過於在意東西被誤置，或是時間上的延誤。

　　他們對別人的感覺，以及別人對自己的所做所言，都相當敏感。他們可以輕易的分享自己的感受。你也從不需要猜測他們的感覺，因爲單從他們的眼神與表情就可一窺究竟，無須藉由言語的傳達。

　　因爲他們重視人際間的關係甚於事務目標，所以比較使人易於了解。他們願意分享生活上的經驗，並且多以主觀與感情豐富的字眼來表達。他們喜歡講故事，而且常常會說離了題。

凱倫和我最近去拜訪一對夫婦。他們的新居才完工不到三個月，但卻已有"久居"之相。我們一步入大門，只見遍地四散的玩具，物品也到處縱橫。

不過，這對朋友卻是真誠熱情，讓我們深感賓至如歸。大家都非常愉快。他們也沒有為房子的凌亂道歉；事實上，他們一點也不覺得"凌亂"。為什麼呢？因為他們將人的優先順序，放在收拾玩具與整理物品以先。

我也想起道格與佩蒂這一對好友。他們去觀賞兒子的足球賽時，他倆的行為傾向就表露無遺。道格比較偏向任務導向，所以一心直盯著球賽的進行。佩蒂則步入密密麻麻的人群中，在階梯與人群間上下穿梭，忙著打聽大家的近況。更且，她還很少錯過比賽的戰況，因為她的天線可隨時接收到兒子與其他人的現況。

個人評量：優先順序

以下句子可用來幫助你考慮你先後順序的焦點。同樣的，在每一組中圈選你認為最能貼切地描述你的句子：

1. 我對生活抱持嚴肅的態度。
2. 我對生活抱持玩樂的態度。
3. 我傾向於保留自己的感覺。
4. 我傾向於對別人分享自己的感覺。
5. 我喜歡談論、聽取事實與資料數據。
6. 我喜歡訴說與聆聽有關人物的故事。
7. 我傾向於根據事實、目標與證據做決定。
8. 我傾向於根據感覺、經驗或人際關係做決定。
9. 我對閒聊比較不感興趣。

10. 我比較有興趣閒聊。

11. 我對交往的對象有所節制。

12. 我願意發展新的人際關係，並深入了解他人。

13. 一般人可能會認為我很難被了解。

14. 一般人往往會認為我很容易被了解。

15. 我比較喜歡獨自工作。

16. 我比較喜歡與別人並透過別人工作。

17. 我會討論當今時事與手中進行的工作。

18. 我喜歡談人物、故事與奇聞軼事。

19. 我自認是一個比較拘謹的人。

20. 我自認是一個比較輕鬆自在的人。

21. 別人把我看成一個重思考的人。

22. 別人把我看成一個重感覺的人。

23. 完成一件事時，是我感覺最棒的時候。

24. 當別人接納我時，我感覺最好。

　　你若圈選較多單數的句子，就比較傾向於任務導向。你若圈選較多雙數的句子，就偏向於人際導向。將單數與雙數的回答總數，分別填入空格內。

＿＿＿ 單數句總數／任務導向

＿＿＿ 雙數句總數／人際導向

　　在繼續之前，我要說明一點，在我針對速度與先後順序所作的討論中，一直使用的一個描述字眼就是 "傾向"。一般來說，人可以分為這幾類，但並不是永遠不變的。比方說，我傾向於決定明快，但我不是**永遠**都做明快的決定。我不是這種特質的奴隸──我有選擇──但在一般情況下，我是有那樣的行為傾向。

　　這個原則可用在本書所使用的每一個描述性專有名詞上，不論是有關教養方式，或是孩子的行為模式。多數人有不同的傾向，並且在強度與頻率上各有差異。所以，請不要以為自己被鎖定為某種特定的樣子或行為傾向。

典型的衝突

你若認眞的想一想，可能會發覺，步調與先後順序這兩大領域，是造成你們家許多衝突的原因。就像在我家，凱倫與我都傾向於任務導向，只要我倆在任務目標方面能配合，那就什麼都好說。但是，如果兩人的做法互相抵觸，戰火就要爆發了。

顯然其他許多夫妻也曾經歷同樣的衝突。合夥婚姻關係(Marriage Partnership) 是我最喜歡的雜誌之一。每期都有一個稱為"解決難題"的專欄，由夫妻們分享他們是如何處理婚姻中的疑難雜症。當我回顧過去的幾期時，很滑稽的發現，許多問題都是出在步調與優先順序上：

> 她說："我不懂得理家，這使阿進沮喪不已。"
>   （人際導向）
> 他說："愛婷花太多時間在別人身上，可是一點也不注重小節。"（任務導向）
> 她說："我要等到最後一分鐘，因為壓力會使我更有創意。"（快步調）
> 他說："我需要時間做計畫、準備、弄清楚該做些什麼。"
>   （慢步調）
> 她說："我要他肯花功夫多了解我的朋友一點。"
>   （人際導向）
> 他說："我並不愛多說話，總覺得不搭嘎。"（任務導向）
> 她說："我寧願勇往直前，冒個險。"（快步調）

他說:"我比較喜歡預先計畫,小心行事。"(慢步調)

接著是我最中意的一則:

她說:"他如果真的在乎我,就會很注意我的感覺。"
　　(人際導向)

他說:"我一覺得氣氛緊張時,就馬上閉嘴為妙。"
　　(任務導向)

這種步調與優先順序的衝突,同樣也發生在父母與子女之間。根據你的特性,你可能會對孩子說一句或好幾句類似以下的話:

"拜託,快一點,你為什麼就是這麼慢?"

"你花太多時間考慮了。決定吧!"

"哇,靜下來⋯你就不能坐五分鐘不動嗎?"

"千萬要記住,人比事重要的多。"

"一定要先寫完功課,才可以去找朋友玩。"

在某些圈子裡,文化因素可能致使一般人認為,女性比較傾向於(或應該是)慢步調,以及人際導向的;男性比較傾向於(或應該是)快步調,與事務導向的。其實並不如此。男性與女性可以展現任何速度與先後的組合。**男女特定典型**是不存在的,只因**刻板印象**,使得不符合那種說法的人,懷疑自己有什麼地方不正常。

分道揚鑣

事實上,步調與優先次序的衝突,幾乎存在於任何人際關係之中。聖經中最佳實例就在使徒行傳第十五章36-41節。我們在此看見,因為強烈的意見不合,使得保羅與好友巴拿巴分道揚鑣。馬可曾經在先前的佈道旅行中途脫隊,巴拿巴想再給他一次機會,但是保羅卻執意:"絕不!這任務太重大了,不能冒險與一個記錄不良的人同行。"到底誰對誰錯呢？偏向任務導向的人，或許會與保羅站在同一戰線。屬於人際導向的，可能贊同巴拿巴，這名字的原意就是"勸慰之子"。這樣分類不是為了論對錯，因為雙方的觀點都不可缺。當時不但需要一位全心全意投入事工的人，同時也需要有人來關懷、重建受傷的心靈。於是他倆拆夥了。保羅與西拉乘船而去，巴拿巴則收容馬可於自己蔭下。各自懷著不同的關注重心，神的事工也都達成了。後來，保羅勇往直前，開展豐碩的事工，建立了多所教會，又提升眾基督徒的信心。而大家都知道馬可的信心也再次被堅立。

編織兩線在一起

一旦認識"快步調／慢步調"與"任務導向／人際導向"這兩股線，下一步就要一窺它們是如何組成各種不同的行為模式？將兩線垂直置於同一圖表時，形成四個不同的區間，每一區間象徵一個獨特的行為模式。這種用來探討人類行為的作法，被稱作"DISC"模型。

讓我為你解說一下：

一般快步調、任務導向的人（父母或孩子）屬於"D"型——掌控型，或稱指揮性／堅持性強的人。他們通常是獨霸、果斷、要求很多，喜歡掌控，一心要克服阻擋在事務目標前的任何障礙或反對力量。

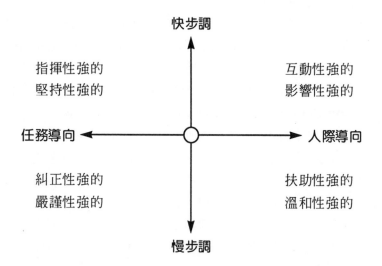

快步調、人際導向的人通常具有"I"──影響型或稱互動／**影響性強**的人。他們也是一意孤行的人。但是異於"D"型主控、指揮的做法，而是採取**游說**的方式，使別人同意自己的理念。他們充滿熱忱，使人樂於與之共處。那些慢步調、人際導向的人則屬於"S"──穩定性或**扶助／柔和性強**的人。他們隨和、可靠，凡事喜歡維持原狀。通常是順應周遭環境，而不領導。他們願意與人合作，在順利、受支持的環境中最為自在。最後是慢步調、事務導向的人，可被描寫為"C"──謹慎型或**糾正／嚴謹性強**的人。他們要求凡事按照**自己的看法**做"對"或是"正確"。他們有分析性的頭腦，經常是拘謹、含蓄、井井有條的。有趣的是，歷史中有不少人在分析人的類型時，提出過類似的分類系統。事實上，許多人都採用四種分類的方式。現代醫學之父希坡克相信個性是由各種不同的體內液體所形成。他主張四種基本性情：易怒型（黑膽汁）、樂觀型(血液)、冷漠型（痰）與憂鬱型（黃膽汁）。此外尚有多位作者，諸如亭拉黑也曾在不同的書籍中應用類似的系統。DISC模型的起源可追溯到馬森博士 (Dr. William Moulton Marston) 的研究。我在DISC方面的訓練，主要是來自於卡爾森學習公司出版的資料。而這套系統是以馬森博士的理論爲基礎，再加上卡爾森學習公司持續進行的研究。**卡爾森個人行爲模式表現系統** (Carlson Performax Personal Profile System) 在過去三十年間，已廣爲國際間公司業務界所使用，協助建立團隊、管理、領導、加強溝通、與解決衝突。許多書籍都採用這個系統來幫助家庭輔導。例如斯卯立與春特倆人合著了一本書，名爲《愛的兩面》(Two Sides of Love)，文中以動物（獅子、水獺、獵犬、海狸）來解說DISC的各種類型。我願大力推薦他倆合著的另一本書，名爲寶藏樹 (The Treasure Tree)，是一本有精美圖畫的兒童書籍，內容闡明了每一種行爲模式的優點，能使孩子了解人與人之間，有哪些相同與不同之處。

一則見證

除了神的話語以外，我從DISC模型所獲得的領受，可說是我所擁有最爲重要的知識。它助我了解最適合自己的事工是什麼，也影響了我的婚姻（我將深入分享於後），並且也幫助我以實際而具體的方法來應用箴言二十二:6。（本書也隨之誕生！）有些人不願意採用DISC模型，因爲他們認爲給人"貼標籤"是不對的。我雖然了解他們的擔憂，不過，我的經驗也告訴我，認識自己的行爲模式能真正的幫助你得釋放，成爲神所創造的樣子。何況，我從來沒見過一個不給別人貼標籤的人。（雖然這樣作是不合適的）比方說，當你邂逅某人時，你會迅速的對他評估一番。就在短短幾秒鐘間，你打量了他的長相、個性、才智、以及他給你的感覺。如果你夠成熟，就會在與他熟稔的過程中調整對他的評估，不過你對他的第一印象，恐怕是難以動搖的。此乃人之天性也。我認為更大的問題是多數人不喜歡自己，因為達不到別人對他們行為要求的期望。孩子們有時會發展出不良的自我形象，就因感到父母要他們有不同的行為表現。正如一位有才幹的員工深受打擊，只因他的老闆既不了解他的行為，又過度在意他的舉動遠超過他為公司帶來的貢獻。多年來，我被禁錮在他人的期望以及特定的教派理念加添給牧師的舉止要求中。在先前的教會裡，大家要求我沿襲舊規，保持原狀。為了能融入，我極力地"壓抑"自己。只是，內心並不快樂。等到我明白自己的行為模式後，它讓我大有信心的決定照著神的設計行事，不再按照別人的期望。我終於明白，自己所需要的，是一個快步調的環境，能讓我有機會實驗、嘗試新的事務。DISC幫助我認清自己，提供向他人解說自己的方法。就像我的姓"包宜"將我與我的**家族**連結在一起，這樣的分類模式能幫助我**定義**自己，而不是**限制**自己。我雖然有選擇自己行動的自由，然而在某些情況下，我**的確**需要跨出自己的舒適範圍，捨棄自己"本能的"模式，轉而使用更能滿足他人需要、或當時需要的行為。即使如此，我仍然保有做自己的自由。

分數位置

接下去幾章將針對DISC行為模式提出更豐富的資料，並且幫助你認定自己與孩子的模式。不過，你可利用先前根據步調與優先順序的測驗所得的分數，得到一點粗略的概念。在圖表上，先找出你的步調最高得分位置，然後畫一個"X"，以同樣的方法標示出你在優先順序的最高得分位置。然後畫一條垂直線通過速度軸上的"X"點，以及一條平行線通過先後順序軸的"X"點。這兩條線的交點所座落的區間,就顯示出你的主要行為模式的傾向。

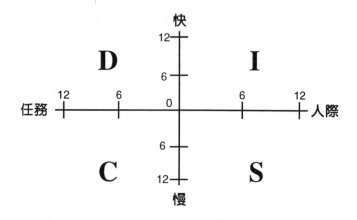

舉例說明,如果你的步調得分為:快=2,慢=10,你只需在慢的一端10分處畫"X"。如果你的先後順序得分是:目標=3,人際=9,就在人際那一端的9分處畫"X"。從這兩個點,各自延伸出一條垂直與平行線,交點會落在S區間。假如你在步調與優先順序上各得6分,表示你在這兩種行為模式有相當的表現。

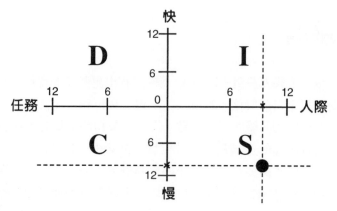

　　這個簡易的系統提供了一個極佳的工具，可用來速"讀"自己與別人。不過這只是一個 "雛形"。你將在後續的幾章中，深入學習到每一類主要模式。另一項重要的前提是，每個人都是不同行為模式的獨特組合體。例如，我是個高度 "D"型的人，但也表現出相當程度的 "I"型與 "C"型的行為模式。雖然我太太凱倫在 "C"型上得分最高，但她也是一個強烈 "S"型的人。此外，一般人的舉止行為也會因地制宜。比方說，一位在工作環境表現高度 "D"型的女性，在家裡扮演母親的角色時，可能會展現較多的 "I"型行為。而一位採取高度 "C"型行為教養孩子的父親，在工作上卻可能是偏向 "S"型的。

重視管教

　　再進一步研讀後續四章有關DISC行為模式的資料時，你將更加了解自己與孩子獨特的行為模式。當前有許多以教養為主題的讀物，都是以如何改變孩子的做法、或加強他們的責任感為中心。的確，孩子們是需要學習合宜端正的舉止，成為負有責任感的大人。不過我深信，你對自己與孩子的了解越透徹，就更懂得選擇合適的方式與孩子相處。而且還有助你順利成功的幫助孩子成為神心意中的樣式。

4 "D"—掌控型

指揮性強的父母，堅持性強的孩子

你猜保羅小時候是怎樣一個孩子？我可以想像他六歲時的模樣——既霸道，又不肯接受拒絕的答案，再加上無止境的要求與掌控的慾望，使他父母疲憊不堪。想必他們也會認同有這種孩子的父母們所發出的悲歎："我知道這些性情對他將來會有益處，不過，我們現在已經快被逼瘋了。"

保羅正是一掌控型行為模式的代表人物。當他長大後，展現出多種"D"型行為的特質。在成為基督徒之前，他武斷、果敢、意志堅定、要求又高。是個身體力行的人，一個肩負消滅基督教使命的人。

悔改歸主後，保羅的脾氣並沒有改，但神交付他一項新使命。他從此獻上生命，傳講耶穌基督。在隨後的幾十年間，變成新興教會裡最偉大、幹練的領袖之一。

我對神如何吸引保羅的注意、與戲劇性地改變他生命的過程感到非常有趣。在大馬士革的路上，神直接找上保羅，將他擊倒跪下。有時候，這是唯一能讓"D"型人注意聆聽的方法。

神直接向保羅啟示他將成為一個重要的人，將在君王面前站立、又要領人從黑暗轉向光明——這都是"D"型的人最愛聽的話。神也對保羅言明在先，他將在事工上大受逼迫。高度"D"型的人會因此大感振奮——他們在冒險患難中，就越發勇敢。縱觀保羅的事工，這一切都一一的應驗了。他堅忍不拔的抵擋逆境，戰勝一切攔阻，宣揚神的福音。

　　保羅接受的神聖訓練中，包括了幾次牢獄之災，這種行動上的限制，是"D"型人深惡痛絕的，因此，我可以想像保羅的內心幾經交戰，才寫得出腓立比書四:12："我知道怎樣處卑賤，也知道怎樣處豐富；或飽足，或饑餓，或有餘，或缺乏；隨時隨在，我都得了密訣。"

　　獨坐冰冷、晦暗的牢房裡，保羅必須相信神一定會信守諾言，大大的使用他，哪怕當時他唯一能做的只是寫信給眾教會。而今我們都知道，那些被後世稱作保羅書信的信件，充滿了永垂不朽、聖靈所啟示的話語，為信徒們帶來極大的引導與安慰。

　　就像神在保羅身上的作為，天父按照祂在我們身上的設計來造就我們。祂並不改變我們的性向，反而藉之使祂的名得榮耀。祂為我們量身訂做了訓練課程，配合我們的設計做了神聖的規劃。

　　繼前章介紹的四種主要行為模式後，我將進一步解說每一種類型，以助你分辨自己與孩子所屬的類型。本章將從"D"型或稱指揮／堅毅性強開始談起。我會提出幾個特殊的例子，顯明這些父母與孩子所散發出的行為舉止，並提示你與每一型孩子的相處之道。

掌控型的七個特徵

　　高度"D"型的人通常具有以下特質。若需更多這方面的資料，或自認屬於這類行為模式，可進一步查閱本章末尾"你是'D'型嗎？"這一部分。

● 強烈的自信心：他們信任自己與自己的能力，是獨立自主的實行家與思想家，很少需要外來的肯定或忠告。他們做決定果斷又容易，也有能力自理一切。

●勇敢：懷著大無畏的生活態度，他們是冒險家。不但身強體健，而且會向任何意圖侵犯自己的人當庭對抗。

●重視成效：高度"D"型的人既有雄心又重成效。他們以腳踏實地、有計畫的方法達成目標，按部就班把工作完成。但是當目標受阻，或預期的成果出了問題時，就會有易怒、浮躁的傾向。

●領導慾：他們積極的爭權，樂於發號施令。他們生活的方式可用"我帶頭、你跟從，"與"照我的意思，否則就離開。"來形容。他們期望大家認同他們掌權的身分，並且尊重他們的權威。

●好勝：他們在體能上很出風頭，常常參加運動項目。高度"D"型的人往往以輸贏的角度看待所有的事，包括工作、遊戲與人際關係。沒有挑戰性就會感到乏味。他們不容易灰心，也拒絕認輸。

●提出變更：因為他們有倉促決定的傾向，所以經常會改變規則與程序，卻疏於預先與有關的人磋商。

●直率、坦白：他們說起話來單刀直入，一針見血。別人也許會覺得魯莽、毫不修飾、尖銳或是敏感度不夠。他們只想聽事實真象，難忍曲折離奇的長篇故事，或是冗長的解說。

指揮性強的 "D" 型父母

已為人母的朱麗，至今仍展露著一如往昔任職經理時的精力與熱忱。她做事有條理、有目標、活力充沛，並且望子成龍，期望他們將來也能做人上人。

朱麗在家裡訂定了嚴格的家規，要求孩子們遵守。若是不然，就會迅速加以管教。她不喜歡多做解釋；但要求孩子要順從、守信、準時。

朱麗如此描述自己："就母親的身分而言，我有時候可能太過嚴厲了，不過自認做的還不錯。問題是，我覺得現今的孩子都太輕鬆了。我相信孩子們應當分擔適量的家事。如果他們不肯，我會及時糾正。我希望我的孩子能順從聽話，否則我會嚴加管教。"

"我愛我的孩子，而且相信等到他們長大後，會因著我對他們做事負責認眞的期許，體會出我對他們的愛。"

指揮性強的父母剛強幹練，就是孩子們的活榜樣。他們規劃了崇高的目標，並且能督促自己達成。孩子們也對父母的帶領和保護深具信心，並常以父母的成就爲榮。

"D"型父母有責任感，能力強，精神飽滿。他們善於完成任務與指揮孩子幫忙。即使出了差錯，也會不屈不撓的朝目標努力。

他們不但會因衝突而越戰越勇，且更喜歡有意義的爭論，因爲這樣就會有挑戰與得勝的機會。

神如何地示範 "D" 型行為模式

我們的天父爲DISC的四種教養方式都做了示範。從詩篇三十二:8可看出祂指揮型的教養方式："我要教導你，指示你當行的路；我要定睛在你身上勸戒你。"

神將具體的指示交待給祂的孩子們，要求他們遵從。這位造物主已將萬物運作的法則設計完備妥當，並且爲要祂的子民能適宜的尊重祂以及祂的眞理，因此向他們三令五申。舊約中的十誡、新約中的登山寶訓、以及聖經中其他的許多經文，都明文彰顯神對祂子民們的期許。

祂的命令流露出祂對我們的愛。只要我們遵循祂的眞理生活，必能與祂保持親密的關係。至於祂的孩子們對祂引導方式的最佳回應，莫過於尊崇與順服。

管教不當的 "D" 型父母

雖然指揮性強的父母有許多正面的特質，但是在特定的情況下，也會浮現出負面的行為，尤其當孩子質疑他們的權威、或是爭取獨立自主時，"D" 型父母會有受威脅的感覺，因而變得越發專制強悍。

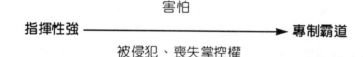

指揮性強的 "D" 型父母最怕孩子侵犯他們。這個恐懼就像一道 "開關"，能將他們推向急躁、暴怒與無理的要求中，再加上他們事務導向的傾向，更使他們顯得冷酷無情。

這種專制的父母就像在操兵的軍官，頒布一道聖旨："只要你在我屋簷下一天，就得聽命行事。"這道 "聖旨" 會以各式各樣的口吻出現，而且總是附帶一個驚歎號：

●"因為是我說的，所以你一定要做。到此為止！"
●"你膽敢回嘴！"
●"聽話，否則走著瞧！"
●"不必問原因，照辦就是了！"
●"不管你有多少朋友要去，我就是不准你去。不必再多說！"
●"我再也受不了你鬼混了。我們每個人都忙著，你也該做你該做的事了！"

專制性強的父母非要掌控子女們不可，而且這掌控的定義是指做一切的決定。他們要的是當下的順從與確實地遵守他們所設定的規矩。

　　他們有用憤怒來控制孩子行為的傾向，往往把子女逼得太緊，致使孩子經常抱怨道："你總是催我，"或"你根本不了解我。"

　　這型父母為使孩子符合自己的期許，也有過度運用父母權威的傾向。當孩子的意見與自己相左，或提出長篇大論的解釋時，都會被他們視為大不敬。

　　這些父母犯錯時，也很難低頭認錯。他們也是挑剔的聽眾，只揀想聽的聽。

　　這種"聽我的，否則就離開"的手段，在工作上也許行得通，若是應用在家裡，就有可能在年輕人的心裡烙下長遠深刻的負面影響。

　　從這種家庭出來的孩子，自尊心是最低的。視每個孩子不同的行為模式不定，她在回應家裡的嚴苛時，可能會採取壓抑情感的方式，變得被動而具侵略性，或是喧鬧、需索無度、又激烈反叛。在學校裡，她可能會為了引人注目而惹事生非，也有可能會濫用藥物，或涉足非法活動。

　　務必要弄清楚一點，從專制氣氛的家庭中教養出的孩子，確實能夠保持相當的課業水準，但是他們的怒氣與傷痛卻在內心積壓著，總有一天會爆發的。

　　許多專制父母難以調適自己去接受孩子長大成人的事實，總覺得需要持續地對子女耳提面命——那怕孩子已經是五十好幾的人了。

　　"我們只要見面，就會大吵一番。"一位已成年的女子如此描述她的母親。"我若是停留一週，至少會有兩三場唇槍舌戰。"

　　"她總是自以為是，還有意無意的說些刺耳的話。我要是回嘴，她就抨擊我，根本不顧我的感受。"

"近來，她很反對我聽的音樂。我問她：'你爲什麼這麼生氣？''我沒有生氣呀！'她回答。'但是，媽，你看起來是在生氣，也表現出一副生氣的樣子。''那麼，那就是你自己的問題！'"

專制性強的父母怎麼辦？

你若自認是一位指揮性強的"D"型父母，又有專制獨裁的傾向，就需要在聆聽、妥協、表達情感與花時間陪孩子這些方面多多加強，並且還需要增添些情趣、放鬆自己、多體會別人的感受。

●掌控方面：不見得隨時隨地都要扮演控制主導的角色。應當知道，有些事情是需要藉由他人或透過他人，才能順利完成，而且，若是缺少謙卑的心，你們之間的關係是會漸行漸遠的。

●溝通方面：留意自己不要做倉促的回答，並且進一步解釋清楚，尤其在吩咐孩子做事的時候。正面的感受要說出來。允許別人質疑發問，也不做頑強的抵抗。要曉得自己激烈尖銳的批評與命令，會帶給他人極大的刺傷與打擊。

●速度方面：遇到進展遲緩時，不要讓自己變得浮躁不安。調整自己的步調，刻意的安排家庭歡樂時間，使全家人，包括你自己在內，都能輕鬆一下。

●優先順序：加倍重視你的人際關係。要看重孩子的人性面，不只是專注於他們的成績表現。

●靈性方面：誤會別人或犯錯時，要坦白承認，並藉著請求饒恕來表達自己的謙卑。

堅毅性強的 "D" 型孩子

無論你是九歲、十九、三十九或五十九，你的行為模式常是不改變的，改變的只是舞台環境罷了。前述七項指揮型的特點，同樣也適用於"D"型的孩子身上，只是他們各種品格上的優點，可能在早期就已露出端倪。

馬克與珍妮的孩子毫無疑問是屬於堅持性強的"D"型孩子。且聽他們怎麼描述自己的兒子大衛：

"他是個非常激進的孩子，在任何情況中都試圖操縱一切，不論是在游泳池、晚餐上、遊戲場上。

"一天在雜貨店裡，我正忙著挑選花生醬，大衛失去了耐性，終於開口：'隨便選一個吧! 爸爸。'他只想趕快做個決定，有個結果。

"他隨時都是精力旺盛、緊張兮兮、活蹦亂跳的。在學校的表現也很優秀，因為做事很認真努力。

"他愛競爭，卻又痛恨失敗。是個優異的足球隊員，但只要對手得分，就火冒三丈。即使家人在一起玩比賽性質的遊戲，只要不是他贏，嘴巴就噘起來了。

"大衛也是個難以管教的孩子。我們非得直接了當，毫不留情的對他才行。家中其他的孩子都有很好的敏感度，只要稍微碰觸她們的疏失，就傷心的不得了，但對大衛卻需要嚴而有力。"

珍妮是高度"I"型，也就是互動性強的"I"型母親。她常覺得自己被大衛"活埋"了一般。"有一天我宣佈：'大衛，準備去逛街了。'

"我現在想看錄影帶。"他說。"不行，因為再過幾分鐘就要出發了。"他接著就開始大吵大鬧，只因為沒有順他的意。

"我的耐性已到極限，隨後就暴發了。我倆好像永遠都陷在拔河比賽的膠著戰中。"

"下班回到家，"馬克插嘴說："看到珍妮被整的很慘，也累垮了。我知道該多花些時間在大衛身上了。"

也許梗在馬克與珍妮之間的問題是大衛喋喋不休的質問。"那真令人疲於應付，"馬克說。"連一絲喘息的機會都沒有。他實在很殘忍，根本不接受任何否定的答案。在他看來，不答應就表示要求的還不夠。'"

"有時候他甚至會跑來對我說：'爸爸，我知道你一定不會答應，不過我還是要問，我們今晚可不可以去吃冰淇淋？'"

堅持性強的"D"型孩子是天生的領袖人物，也因此極端的任性。她會預先酌磨、查覺父母最沒辦法的良機，然後採取攻勢。情況不合她意時，就會悻悻然吶喊抗議。

因為她想到什麼就說什麼，所以經常使別人傷心。她粗魯，甚至殘忍，而且要她說句"對不起"比登天還難。

她還有股排山倒海般的控制慾，而且並非可有可無的，那實在是她生命的動力。

堅持性強的"D"型孩子就像卡通影片"凱文與賀比斯"中的男孩，他曾說過："我與世界和平共處，我是全然的安祥寧靜，…我發掘了生命的目的…有我在這兒，別人才能遵照我的話有事可做。"

他接著又說："當大家都接受這事實的時候，他們也會變得天下太平。"

幫助"D"型孩子之道

這裡有些幫助"D"型孩子發展潛力的方法：
●給她一些具有掌控與選擇性的責任。責任度應該隨孩子的年齡與成熟度增加。
●給她具體明確的努力目標，若無不妥，不妨善用她的好勝心。例如,假如你的理想是要她一周清掃房間一次,就將這家事設計為一項比賽遊戲。只要她在特定時間內達成,就可得到別緻的獎勵。

● 幫助她了解,雖然訂定目標、全力以赴是很聰明,但是失敗也是生命中在所難免的,而且那並不代表**她**本人的失敗。

● 幫助她放慢步調,學習在必要時以適當的方法舒解身心。

● 教導她遵守限制與規矩的重要性,哪怕她並不同意你的說法。

● 利用她自己的前車之鑑,教導她同情與體會悲傷失望者的感受。

● 盡量多給她選擇,例如,用這樣的話提醒她早一點上床睡覺:"你想現在就去,還是看完這個電視節目再去睡覺?"

● 該動身的時候,使用最簡短的指令。像是"睡覺了!""打掃房間!"

● 因為她對體能活動的需求極高,所以不妨提供她許多跑、跳與活動的機會。盡量避免枯坐不起的活動。

● 最重要的是,千萬不可讓自己被捲入"D"型孩子的權力爭奪戰之中。糾正她的行為時,要針對行動,具體說明該如何做。兼用情感與理性來講道理,但切忌冗長。她為了要操縱這種管教,可能會公然質疑你的做法,或者試圖以討價還價的方式來減輕處罰。你要簡單扼要以對,讓她明白誰在做主。

　　我在一家餐館裡,碰到這個極佳的實例,可用來說明如何處置堅持性強的"D"型的孩子。一位父親帶著兩個女兒走進這家餐廳,選了一張桌子,但隨即注意到他那五歲的女兒正拖著一張高腳椅往另一張桌子走去,預備給妹妹坐。

　　"唐娜,來這裡。"他說。"不,爸爸,這張桌子很好,來這邊坐。""這張桌子比較寬敞,適合放高腳椅。"他回答。唐娜堅持要那張她挑的桌子。於是,這場唇槍舌戰持續地交烽,直到最後,他終於走上前去,一手輕搭在唐娜身上,另一手提起高腳椅,然後把她們一齊推向他的桌子。

　　他的行動清楚的宣告了他具有掌控權。不過,我感覺得到,這場家庭戰事仍然在延燒中。待他們晚餐用畢,臨走時,我不經意的聽到唐娜說:"爸爸,下次可不可以讓我來選桌子?"

你是高度 "D" 型嗎?

　　以下列出 "D" 型人具有的特性。想想你自己的行為以及與他人的互動關係。標明適合描述自己的句子。

　　我能當機立斷。

　　我做事有始有終。

　　我對自己的才能很有信心。

　　我喜歡有話直說,沒耐心聽長篇大論。

　　我喜歡訂下工作目標,全力以赴。

　　我比較喜歡執行任務,倒不那麼在意別人是否喜歡我。

　　我喜歡領導任務的進行。

　　缺乏挑戰時,我會感到枯燥乏味。

　　我不喜歡被人監視,喜歡有我行我素的自由。

　　我在壓力下會變得積極堅定。

　　對於他人的感受與意見,我的忍耐度很低。

　　待解的難題會令我精神抖擻。

　　當我致力於一項任務時,不喜歡處理瑣細的小事,倒寧願將之交由他人處理,自己朝著遠大的前景努力。

　　我常有一副冷漠的樣子。我愛好競爭,厭惡失敗。

"I"—影響型 5

互動性強的父母，影響性強的孩子

蘇珊和外婆逛街的時候，看到一些小巧的塑膠手錶，每只售價兩塊錢美金。"外婆！請妳買一只手錶給我。"蘇珊說。"我沒有手錶！我很需要一只。妳如果愛我，就會買給我。"

外婆苦口婆心的向她解釋，廉價的手錶不耐用，但是蘇珊既堅持又撒嬌。有幾個做外婆的，能耐得住摯愛的孫女如此頑強的攻勢呢？

第二天早上，蘇珊上發條的時候，手錶竟然壞了。外婆暗自竊喜，心想這將給蘇珊一個大好的教訓。於是她直盯著這孩子說："看吧！妳早該聽我的。我告訴過妳，這手錶是便宜貨。妳當初若是聽了我的話，現在就不會有這個麻煩了。"

蘇珊回眸望著外婆說：我只不過是個小孩子，妳當時應該想辦法，叫我聽妳的話才對呀！。

這位外婆後來說："她太會強辯了，我都被弄得滿頭霧水，分不清到底誰是誰非。最後，我還得向她道歉！"

你可以想像到，蘇珊就是典型的I型。高度I型的人，展現著一種互動又深具影響力的行為模式，並且將他們的精力，都集中在影響別人和說服別人上。他們有樂觀、多言的傾向，並且熱衷於取悅他人。他們渴望大眾的肯定，同時又很情緒化，對事物的感受，也毫不吝於表達。

高度"I"型的人有旺盛的精力，他們偏重行動過於思考，果決又毫不遲疑的付諸行動。他們信任自己的直覺，並且會憑感覺做決定。

　　在與人相處時，他們常會引爆熱烈高亢的情緒。因為不喜歡獨來獨往，所以經常涉足於團體性的活動與事務。

影響型的七個特徵

●人際導向：高度"I"型的人，打從心底愛好人群，並且非常善於交際。他們的金科玉律就是廣結善緣，影響人群。他們的精力與熱情也會帶動旁人加入他們的行列。有很多這類型的人，對人的感受直覺而敏銳，擅長察言觀色。他們值得信賴，願意無條件接納形形色色的人。

●情緒化：他們傾向以自在、坦然的方式流露情緒。除了活潑又富戲劇感外，他們對人、事、物也以饒富情趣的態度回應。他們大多是肢體熱情的，也相對的渴望能獲得豐盛的愛作為回應。

●能言善道：高度"I"型的人，不但是極具說服力的溝通家，而且是真正的愛說話。他們常喜歡說說笑話、或是一些精彩又具娛樂性的故事。

●貪玩逗趣：他們就像一群等著歡宴開場的人。不只自己愛歡笑，也愛逗弄別人發笑。因為他們懂得編織營造情趣，所以生活的步調急促，很少有枯燥乏味的時候。

●樂觀：互動性強"I"型的人，幾乎在任何情況中，都往好的一面想。他們總期待著最好的情況，排除任何失敗的可能。他們的座右銘就是："別憂慮！快樂點！"即使在逆境中，也抱持著必能克服致勝的態度，全力以赴。在此同時，他們常以漠視不利的事實，作為處理壓力的方法。

●率性而為：他們喜歡五花八門的活動，與跟著感覺走的自由。這種無拘無束的個性，使他們有隨興而漫無章法的傾向。

他們不喜歡置身於規劃完整的場合，或任何足以限制人身自由的地方。這也反應出他們不作計畫與不按牌理出牌的缺憾。

● 渴慕接納與支持：高度"I"型的人，在褒獎、讚美與愛慕中，格外顯得精神煥發。他們喜歡受人注意，也常使自己成為注目的焦點。當眾目集中在他們身上時，就更加生龍活虎。因著由外往內評價自己的傾向，致使他們最大的恐懼就是遭人拒絕。他們的自我形象，也是藉由別人所投注的觀感勾勒而出的。若要一位高度"I"型的人描述自己，很可能會聽到："我朋友說我是一個...的人"或是"別人告訴我..."這類的話。

聖經的例子

我從耶穌的十二個門徒中，驚見彼得是"I"型人物的最佳典範。他正是那般的肯定自我、愛在群眾中搶話、又極端率性。

你若查看福音書中十二個使徒所評論與發問的份量，不難發現彼得所說的話，比其他十一個人所說的加總還多。他不但話鋒急促，有時候還會臉紅脖子粗。雖然沒受太多正規教育，但是從他在使徒行傳中的講章，以及其他書信來看，都顯明他是一位充滿恩賜的傳播家。

一天夜裡，門徒都在船上，耶穌履海而來。除了彼得，誰會想去海上行走？彼得說："是耶穌在海上走嗎？我也要到海上行走。"話才說完，剎那間即跨船而去。彼得總愛嘗試新鮮事。

他在說話方面也很衝動。馬太福音十六章中，耶穌問門徒："他們說人子是誰？"彼得搶著回答："你是基督，是永生神的兒子。"祂因此飽受耶穌基督的讚許。不過幾節之後，耶穌繼續對門徒說，祂將往耶路撒冷去，並將在那兒受死。彼得一聽，立刻插嘴：「主啊！萬不可以，這事必不臨到你身上。」針對這話，耶穌回答說：「撒旦！退我後面去。」馬可福音十四章中，當耶穌預言自己將要死時，彼得誓死效忠，宣稱：「我就是必須和祢同死，也總不能不認祢。」但是根據「I」型的慣性，他是很難貫徹到底的。等到耶穌被捉拿後，有個婦人指控彼得是耶穌的跟隨者，彼得對她咒罵了一番，而且反覆否認認識主耶穌。

　　耶穌被釘又復活之後的一日，門徒在船上捕魚，耶穌突然來到岸邊對他們說話。彼得立刻認出那是復活的基督。他再一次迫不及待的跨出船去，奔向耶穌基督，而其他門徒則搖槳跟進。

　　在整本聖經中，神使用許多高度「I」型的人，來做成祂的工。摩西找誰陪他去說服法老王，釋放以色列人離去？正是他那高度「I」型的哥哥亞倫。以色列度過這歷史上的關鍵時刻後，神又立誰作他們的王？正是那位內心充滿「I」性情的大衛。是誰帶領第一世紀的教會？彼得。又是誰勸慰軟弱的門徒？巴拿巴。他們都是高度「I」形的代表人物，受神重用，爲要勸說與影響祂的子民來跟隨祂。

互動型的父母

　　世界上有兩種人：擁抱者與握手者。握手的人（「D」型和「C」型多數屬於這一類）伸出僵直的手臂，以期保持雙方的距離。擁抱者卻願意張臂擁入完全陌生的人。高度「I」型的人，再怎麼說都屬於擁抱的一類。

　　高度「I」型的父母熱愛將自己的朋友與孩子們齊聚一堂，談天說地。他們喜歡講故事與玩摔角遊戲。在所有父母中，他們最懂得享受與子女同樂的時光。

他們身手俐落，愛給自己和孩子安排多樣性的娛樂活動，也喜歡和孩子們一起做事。互動性強的"I"型父母散發著溫暖與智慧；別人有難時，往往會向他們求助。但是對於芝麻小事，或像打掃房子這種例行工作，就興趣頓失。他們比較喜歡有人陪伴他們一起共事。某個週六的下午，我和太太在社區游泳池邊閒坐，談論著這些不同的教養方式。言談間，我注意到一位女士，坐在離我們不遠處，直盯著我們看，而且入神的聆聽我們倆的對話。

突然間，這位女士介入我們的談話，一開口就滔滔不絕，至少講了五分鐘："你剛才說的那些教養方式中，我就是屬於"I"型的。"

我看準沒錯。

她接著說："你剛才把我描寫的淋漓盡致。我不但愛孩子，也喜歡和他們一起同樂。這整個暑假裡，我為我們母女三人，每週安排不同的節目。上個禮拜去了動物園，這個禮拜要去達拉斯的遊樂場，至於下個禮拜，我先生將會出遠門不在家，屆時我打算讓她們各請兩個朋友到家裡來，我們要辦一個超級通宵晚會。"

除此之外，你猜她還說了什麼有趣的事？"我的確對教養感到很棘手。不論在什麼情況下，我都不喜歡板起臉來。我希望做她們的朋友，而且有點怕她們不喜歡我。你覺得這有什麼不妥嗎？我知道那有點太縱容孩子了，但我就是無法拒絕她們。更且，我希望我的孩子擁有我在孩提時代無法獲得的一切。我要孩子長大後，一想起這個家，就感到那是個歡樂又幸福的成長天地。"

至此，我的雙眼如鹿凝視強光般地閃亮發直。

恐怕再也找不到比這更好的"I"型例子了！這型人將家

庭營造成一個溫馨又充滿樂趣的地方，他們的孩子也從不缺乏
愛。

神的 "I" 型示範

我們的天父，以袍樂於介入子民的心，展現了互動型的教
養方式。許多人誤以爲神是冷漠又遙不可及的。他們抱持著
神在高遠之處監視著我們的心態。

想到掌管宇宙的神要我們來認識袍，是一件何等令人震懾
的事。袍用超乎尋常的手法，向我們啓示袍要進入我們的生
命。事實上，這就是整本聖經的信息：神要我們親身認識袍。

約翰福音十七章三節中，耶穌說："認識你獨一的眞神，
並且認識袍所差來的耶穌基督，這就是永生。"對於這位眞神
向你發出的邀請，爲要使你認識袍，並且與袍進入親密的關係
裡，最佳的回應莫過於接受袍的邀請。我們只要用信心，藉著
袍的兒子耶穌基督，就可以做到了。

成效不彰的 "I" 型父母

我在泳池畔認識的這位女士，提出了一個眾多 "I" 型父
母的共同問題：他們希望受孩子的愛戴，並且無法持有拒絕的
想法，因此變得對孩子過度縱容。

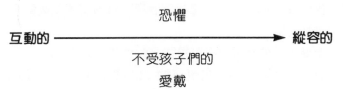

縱容性的父母願爲子女付出一切，但在其間卻誤讓孩子作主。他們內心的信條是：只要能使他們快樂，我甚麼都願意做。

他們不喜歡向子女說不。當孩子不守規矩時，也只不過另立一個規矩，或是睜一隻眼閉一隻眼，不了了之。有時甚至會對應當嚴正以待的事件一笑置之。

有一回我到朋友家作客，目睹了這一幕：一位"I"型的爸爸發現兒子正往街上跑去，於是對兒子說："賽司，不可以到馬路上玩。"過了幾分鐘，賽司不顧父親的訓誡，還是跑到馬路上去了。於是，我這位朋友就說："賽司，我剛才跟你說甚麼了？不可以在馬路上玩。那是很危險的。"又過了幾分鐘後，他又說；"賽司，我最後再說一遍，不准到馬路上去。"然後，他回頭望著我歎息："眞不知道該拿他如何是好。"

我這位朋友需要再加把勁，光說不練是無法阻止賽司不上馬路玩的。這位父親需要採取果斷迅速的行動，來管教賽司的不聽話。

在撒母耳記上第二至第三章中，我們讀到有關士師時代的以色列祭司以利。經文告訴我們，以利的兒子偷竊了人民獻給神的祭物，又和在會幕前服事的婦人苟合。以利聽說後，就教訓了他們，但是他們並未聽從。以利也沒有採取進一步的行動。後來，神將祂的審判向小撒母耳啓示："我曾告訴他，必永遠降罰與他的家，因他知道兒子作孽，自招咒詛，卻不禁止他們。"（撒母耳記上三章十三節）。

縱容性的父母傾向於聽信子女所說的片面之詞，不做深入的追究或查問。他們往往只看孩子好的一面，無意間竟陷入被蒙蔽擺佈的局面中。

這種父母的管教理念是：只要你高興，做甚麼都可以。他們不願見到孩子不開心的模樣，尤其當大夥在一起的時候。同時，他們還憂心忡忡，生怕自己太嚴格的話，多少會給孩子烙下傷痕。

縱容性強的 "I" 型父母須知

互動性強的父母需要學習及運用指揮性與糾正性強的一些管教技巧，以免落入教養不當或過度放縱的後果。溝通方面：在設定限制和規範時，要更加明確。可以就是可以，不可以就是不可以。不要讓自己捲入游說和僵持不下的爭辯之中。也不要覺得必須為自己所提出的一切要求做解釋。不要被孩子天方夜譚的藉口給沖昏了頭，反倒要切中要點。

多用心聽。交心的對話需要先了解對方內心的想法。也不要誇大其辭，顯得不誠實。

此外，要謹慎聽取孩子的一面之詞，多藉發問來發掘可能遺漏的細節。

●步調方面：放慢一點，尤其是有慢步調的孩子的話。因為一不小心，你的步調就可能給孩子造成極大的壓力。

●寬鬆度方面：要警覺自己有難以拒絕的困難。愛孩子的父母有時候必須堅持立場，雖然孩子或許會對你生氣，但是，將來他們會為此而感謝你。

●優先順序：多注重事情先後的安排，並且確實實踐。你之所以縱容的原因之一，是因為擔心當你在優先順序上有所疏失的時候，希望能被別人包容，所以必須先以同樣的態度對待他人。要做工作計畫表，而且注意細節。在自我督促的同時，你也為孩子樹立了有紀律的榜樣。

●靈性方面：切記，信心與積極、樂觀的信念是兩回事。將二者混淆，會導致你對自己與家人產生不切實際的期望。

影響性強的 "I" 型孩子

正如 "I" 型的父母，影響性強的 "I" 型孩子的人生目標就是追尋歡樂，愛好人群。有一次，凱倫和我邀請我們教會青年部的牧師博恩和他太太到家裡吃晚飯。凱倫和我兒子契德到雜貨店去添幾樣東西，當他們經過陳列玩具的走道時，契德（兼具高度 "D" 型和 "I" 型）發現一個玩具放屁汽墊，興奮的說："嘿！來買這個，把它放在博恩牧師的椅子上！"

凱倫是高度 "C" 型，但是她知道契德有 "I" 型的性情存在，於是她應道："太好了！咱們就這麼做。"就這樣，她成了同謀，和契德一起籌畫起天衣無縫的計謀。

高度 "I" 型的孩子也會聒噪得令人難忍。艾絲特就是如此。她正值電話不離耳的年紀。有一天，艾絲特的父親聽到她對媽媽說了些刻薄的話，於是責備艾絲特："我能體會妳的感受，但是妳不可以這樣對媽媽說話。"隨後處罰她整整一個禮拜不准用電話。

禁止高度 "I" 型的孩子講電話，誠如奪去乾渴之人僅有的一口水一般。才不過一天，艾絲特就央求說："爸爸，可不可以打我一頓算了？不讓我講電話會要我的命的！"

影響性強的 "I" 型孩子好動，而且總愛和別人一起行動。我有個朋友，他的女兒是高度 "I" 型，他說："她受不了一個人獨處。每當我聽她說："我沒事可做"時，就知道真正的問題出在她沒有玩伴。此外，她也很厭惡做家事，但只要我和太太陪她一起做，她就會覺得很好玩。"

這種孩子滿腦子美妙而富創意的點子，但是卻因集中力難以持久，以至常常無疾而終。"I" 型的孩子常被人形容成："他是根活蹦亂跳的電線"，或是"她連一分鐘都坐不住。"

他們傾向於先逞一時之快，之後再做思考。他們信任別人。在他們心目中是沒有陌生人可言的，人人都可稱得上是至交。他們極端敏感於其他孩子對他們本身的看法，因此，也就特別難以承受來自同輩的壓力。他們愛好人群，也期望受到歡迎。有時候，被同輩接納的渴望反而演變成自己的轄制。被別人冒犯時，他們愛的本性可以剎時化爲怒火。他們的情緒是無數高低潮的組合，常在笑聲與淚水間往返周旋。也正因這善變的心情，使他們總能在失落中調適自己，在絕地中極力反攻。

影響性強的 "I" 型孩子能夠坦誠地表達感受，也需要很多的擁抱和親吻。契德保有非常多 "I" 型的特性。每晚睡前，我們倆總要花一兩分鐘在床上壓來扭去，摔角一番，然後再一起禱告。之後，他會給我一個全然熱烈的擁抱和親吻。在朋友面前，他雖不會表現出喜歡這種行徑的樣子，但是到了睡前，只剩下我們兩人時，若不這麼做，他是不肯入睡的。

幫助 "I" 型孩子的方法

以下是一些可以用來幫助I型孩子，發揮他們最大潛能的方法：

●計畫一些玩樂時間，使你的家成爲一個溫馨、和諧的天地。
●不住的鼓勵。具體的說明他的種種優點和成就。
（後續章節中將作進一步說明。）
●將規定記錄下來。提出一些可以將言語付諸行動的點子。
●與孩子一同夢想。讓你與孩子的想像力一起狂飆，不論是就想做的事，或是想去的地方。哪怕明知是白日夢。你不妨這麼說："如果我們可以全家一起去夏威夷就太棒了！假如我們真的到了那兒，你最想做甚麼？"讓他在不怕被拉回現實的心情下，盡情放膽的夢想。

●當他表現優良時，立刻以特別的鼓勵和獎賞來激勵他，例如金色的星星貼紙、獎品、或是彩帶。

●給他許多的擁抱和親吻。他需要大量而持續的親暱。

●了解他渴慕能趕得上潮流的個性。幫助他在處理同輩壓力與逆勢時，能夠堅定不移。

●幫助他做事時，細膩的考量每一個環節。

●不要冷淡、漠不關心、疏離、不通人情、過度看重事務或是閉口不言。否則他會以為你不喜歡他，或是他哪裡做錯了。

●不要愛挑惕或論斷。決不要公然羞辱他，特別是在他的朋友面前。

●一定要讓這個"I"型的孩子有朋友一起玩，並且利用他需要同伴的心理，與他共事，尤其要珍惜把握在他步入青年期之前，還肯和你在一起的時間。

你是高度"I"型的人嗎？

以下列出"I"型的特點。自忖一下你的舉止，以及與他人之間的互動關係。標示出適於形容自己的句子。

我喜歡說話。也從來不會在言語上吃虧。

人多的地方，讓我感到自在。

我通常不覺得與新來的人說話會有困難。

只要有人與我共事，我會很樂意參與其中。

我有能力說服別人加入我們的活動和工作。

與他人同在時，我會精神抖擻。我不喜歡一個人獨處太久。

我似乎總會本著高度的熱忱投入活動中。

一般說來，我比較喜歡看事情的積極面。

別人不難看出我心裡的感受。

我會大方的表達自己的想法。

我樂於站在群眾面前；喜歡受到賞識。

我有很多朋友。

我有時做事欠缺條理。

有時候，我就是無法完成手上的工作；我有在眾多活動之間游走的傾向。我喜歡以新穎的手法做事。有辦法想出一些富有創意與想像力的點子。

"S"—穩定型 6

扶助性強的父母，溫和性強的孩子

貓兒。就是柏克逗弄貓兒的模樣，讓芭芭拉相信，他將來一定會是個好爸爸。"他對貓咪表露愛心的時候，散發出一股安祥的氣韻。"

柏克還有許多優點。"他既穩重，又樂於助人，是個值得信賴的人。"

此外，他也常常表達關懷。相反的是，芭芭拉卻出自一個感情內斂的家庭。當柏克第一次溫和地對她說："我愛妳"時，她啞口無言，不知該作何回應。

你可能認識一些像柏克這樣的人。他們這種高度"S"型的人，是穩重牢靠的，也是在家庭或辦公室裡樹立和諧氣氛的基石。與他同在，會令你感到安心舒坦。

穩定型的七個特徵

● 穩定忠誠：他們不但是同甘共苦的對象，而且還肯吃苦耐勞、忠誠獻身。做起事來專心一意，不達任務絕不終止，數十年如一日。然而，當這樣的優點太過極端的發展時，反而就變得墨守成規了。

● 團隊精神：不論這團隊是指家庭或是工作，他們都全心投入，並且處處設身處地為別人著想，又肯委身負責。他們的配合度很高，而且不願做出可能會打破既有成規的決定。

●偏愛熟悉的環境：因為他們需要在架構和例行事務上有安定感，所以往往要求事務按照規定的時間以及不變的程序進行。他們在已經養成的習慣與重複的行為中，最感到舒適安逸。他們不喜歡突如其來的變化或是驚奇。若是躲避不了變化的發生，就要耗費長時間來適應。他們之所以不喜歡變動，主要是他們的安全感會因此受到威脅，於是他們寧願墨守成規。在家裡，他們也非常強調穩定的重要性。

●提供服務：高度"S"型的最高指導原則就是樂於助人，而且不必等別人開口要求。他們的快樂來自滿足他人的需要。通常，他們寧願追隨，並不熱衷搖旗領導。

●謙卑：他們不喜歡一開始就成為眾所矚目的焦點，更不愛標榜自己的成就。即使有渴望被賞識的時候，也不希望被大做文章。他們謹慎的保持著節制、彬彬有禮又友善的風度舉止，不願做出一副咄咄逼人的樣子。就算在公眾中受到肯定的注目，都會令他們感到不自在。

●待人以誠：在人際關係方面，他們傾向於隨和熱忱，甚至願藉容忍他人的過錯來維護和諧的關係。即使必須糾正他人的錯誤，也鮮少用犀利的態度。雖然不像"I"型的人交友廣闊，但他們對既有的朋友卻是忠實而投入。他們正是總愛把全家福相片夾在皮夾裡的那種人。他們肯花心思培養親密、持久的關係。

●實際：他們做事按部就班，切合實際。傾向於三思而後行，並且會預先從頭到尾了解做法程序。因著務實的做法和想法，大部分的人都認為他們很好相處共事。

　　高度"S"型的人，與生具有排難解惑的能力，並且極願意誠摯助人。他們有同情心，是最佳聽眾，也是相當好的和平使者。

　　他們不喜歡強迫、挑釁的行為，也受不了不通情理的做法。最關切的問題就是："你的提議對我與我的工作、家庭以及生活，會造成甚麼影響？"

他們最大的優點是值得信賴、肯助人、又願意合作。最大的弱點則是有可能被利用、太過敏感、以及不肯適時改變。

聖經的例子

經上顯示，亞伯拉罕具備了許多高度"S"型的性情。比方說，創世記十三章描述他與妻子撒拉、姪子羅得，到伯特利住下的過程。因為他們兩方都擁有大批的牲畜，所以雙方的牧人時啓爭端，難以安然共處。於是，亞伯拉罕這位和事佬就說："你我不可相爭，你的牧人和我的牧人也不可相爭，因為我們是骨肉。遍地不都在你眼前嗎？請你離開我，你向左，我就向右，你向右，我就向左。"（八至九節）

試問：一個像使徒保羅般高度"D"型的人，會如何處理這樣的局面？他或許會說："聽著，羅得，別忘了你是跟著我來的。我才是老大。是我一片好心才讓你跟著一起來，所以你應該將你的牛羊趕遠一點。現在就去告訴你的牧人，叫他們把牛羊看緊點兒，否則就等著瞧。"

然而，亞伯拉罕竟願意讓羅得先挑選他所中意的地。羅得選了自以為上好的一塊，就是有肥美的綠草與約但河灌溉的所多瑪、蛾摩拉。於是，他就向東遷移。亞伯拉罕自己反倒沒有做甚麼重大的變動。他仍舊繼續在迦南地生活居住。這正是"S"型的寫照，他們尋求和平，並且會為捲入爭端的各方，做最好的出路安排。

扶助性強的"S"型父母

高度"S"型的父母，帶給孩子們強烈的安全感，他們總是犧牲自己，來滿足孩子的需要。他們無微不至的呵護子女，尤其當孩子年幼的時候。他們全心專注在孩子身上，特別警覺孩子們的安全。

他們帶給孩子濃郁的家庭氣氛，並以人際和例行作息爲主軸，建造溫馨、舒適、互助的家庭環境。此外，他們也擅長於樹立家庭傳統。

有一個高度"S"型母親的典型範例，就是一部美國電視連續劇裡的伊狄邦可爾。倘若不看她在個性上常被先生阿齊嘲諷的行徑，就會發現其實她是家庭中的中流砥柱，穩定要素。雖然阿齊和女兒爭執不休，伊狄卻有辦法與雙方融洽的相處。

作家東尼亞力山大在他所著的《聰明人》這本書中，稱她爲"怒潮上的橋樑，家庭裡的心臟。"她打心坎裡愛護她的家庭和鄰居，甚至包括與自己迥異的鄰居喬治潔福生。她單看別人的優點，似乎看不見任何缺點。她簡直活化了"S"型的特質，像是爲人設想、守望相助、以及一些可預料的習慣動作等等。

我自己是跟著"S"型母親長大的。對我母親而言，家庭是她的第一優先。她不但有愛心，又體貼，對於我和爸爸的各樣需要，也都能敏銳的察覺，面面俱到。她凡事不愛冒險，喜歡穩穩當當的做事。在我記憶中的家，是個安定、祥和的成長地方。每晚，我們一家人都會在寧靜安穩的氣氛下圍坐，享受彼此爲伴的時光。

我母親也是個樂意服事他人的人，這是她的恩賜。她特別喜歡在你還不自覺有任何需要之前，預先推敲你的需要。假如我和爸爸坐在房裡看電視，她會問："有沒有人想喝點甚麼？"

"這個嘛？"我可能會說："我想，來一杯沙士好了。"

隨即，還沒等到我們的目光從螢光幕挪開，她已將兩杯冰涼的沙士端到我們眼前了。她總是在那兒全然的伺候著我們。

而今，我太太凱倫（高度"C"型）也是全然的隨伺在側，但她卻是在旁盯我凡事應當自取所需。這是延襲她母親的行徑。猶記我們還在約會階段時，有一回並肩坐在她家客廳看電視，我對凱倫說："嘿！幫我拿點飲料喝，好嗎？"（她的母親當時也在場），凱倫的母親當下就直盯著我，迎面而來，抓起我的手臂，帶我到櫥櫃和冰箱去做了一番巡禮，為要讓我能親自去拿需要的東西。

直到我成年，進大學後，母親才重回工作崗位。她在市政府的同事和主管，都相當欣賞她的信實可靠，以及任勞任怨的工作態度。當她於一九八四年過世時，有數以百計的人來參加葬禮，並向我表達他們是何等的景仰母親的善體人意與真誠。

神如何示範 "S" 型教養方式

聖經中再也找不到比詩篇二十三篇更佳美貼切的話語，足以描繪天父是何等無微不至地幫助祂的孩子們。這篇耳熟能詳的詩篇，闡明神要牽引我們進入的親子關係，是何等的寧靜安穩。

> 耶和華是我的牧者，我必不至缺乏。
> 祂使我躺臥在青草地上，
> 領我到可安歇的水邊，
> 祂使我的靈魂甦醒。
> 為自己的名，引導我走義路。
> 我雖然行過死蔭的幽谷，
> 也不怕遭害
> 因為你與我同在。

你的杖，你的竿都安慰我。

在敵人面前你為我擺設筵席。

你用油膏了我的頭，

使我的福杯滿溢。

我一生一世必有恩惠慈愛隨著我。

我且要住在耶和華的殿中，直到永遠。

在其他的經文中，神也被描寫成我們的幫助者 (詩三十三：20；四十六：1；一二一：1；一二四：8；以四十一：10；來十三：6)，救贖主 (詩篇一〇三：3)，安慰者 (林後一：3-4)，以及朋友 (約十五：13-15)。這些都顯出神的信實不變、全然付出、與悉心照顧的特性。

對於天父這種扶助性強的 "S" 型教養方式，我們可以用耶利米哀歌第三章二十二節至二十六節作為回應，將我們的希望，放心大膽地交託在祂的顧念中。

我們不至消滅，是出於耶和華諸般的慈愛；

是因他的憐憫，不至斷絕。

每早晨這都是新的。你的誠實，極其廣大！

我心裡說："耶和華是我的分"，因此，我要仰望他。

凡等候耶和華，心裡尋求他的，耶和華必施恩給他。

人仰望耶和華，靜默等候他的救恩，這原是好的。

妥協的危險

過度妥協是 "S" 型人格中常見的弱點。他們不但一心要博人的喜悅，同時又怕失去親密的人際關係，乃至於容許別人踩在自己頭上。

懼於
扶助性強的 ──────────────▶ 妥協性強的
失去親密的關係

　　有位朋友曾向我提起，有關他協談過的一對夫妻。這位太
太有了外遇，先生發覺後卻說：「我雖然厭惡這醜事，但只要
她快樂也就罷了。」

　　這位協談員大吃一驚，不敢相信，此人竟能忍辱旁觀自己
的妻子與別的男人有染。他隨後查閱這位先生的DISC檔案說
明，恍然發現原來他是屬於極高度的"S"型。「當初，你只
是想討好她，」他對這位先生說：「但現在卻演變成脫韁之
馬。你若真的愛她，怎麼能忍受她與別人幽會呢？」如此過度
姑息妥協的做法，招致的結果是，這位妻子認為先生根本不在
乎這場婚姻。

　　這宗案例雖然稍嫌極端，卻也赤裸裸地反映出妥協的危
險。扶助性強的"S"型父母有時會因過度配合子女的需索，
反而阻礙他們成長茁壯，導致他們將來在毫無準備的情況下，
步向現實的人生。

　　柯福思與費敬合著了一本很棒的書，名為《用愛與邏輯管
教》(Parenting with Love & Logic)，書中將這型父母稱作"直
昇機父母"：

　　有些父母以為愛就是以子女為生活中心，圍繞著他們團團
轉。如此一來，他們就成了道地的直昇機父母。只要一有麻煩
發生，爸媽隨即從天而降，救苦救難。他們不停地奔波於去學
校的路上，忙著為孩子送便當、交同意書、送家庭作業。他們
總是在拯救孩子，沒有一天不需要護著小寶貝的。事實上，這
些事通常是孩子需要、或應得的成長學習經驗。每當孩子一發
出危急信號，附近巡邏的直昇機父母，就立時從天而降，護衛

孩子免於老師、玩伴或其他不妥的要求。這兩位作者還說，這些"有愛心"的父母，自以爲是在抒緩子女的成長過程，其實是在延長他們所需奮鬥的年歲。直昇機父母的孩子們，在長期的呵護下，終將一無所有、毫無準備的步向生命的挑戰。我就認識一位直昇機母親，她不准自己的小孩和鄰居的孩子玩，深怕會染上感冒。在她保護孩子的同時，卻也限制了孩子情緒與社交的發展。

過度妥協的父母還有另一個常見的問題，他們會爲了避免爭執而輕易投降。爲了維護和平，他們情願付出任何代價。

孩子："媽，我想買這雙紅皮鞋，好嗎？"母親："不行，喬兒絲。我們已經說好的，妳需要一雙白皮鞋搭配復活節穿的洋裝，還要一雙黑皮鞋配學校的制服穿。我們今天只能買一雙，你要白的還是黑的？"孩子（激動的大叫）："我要這雙紅色的！"母親："不行，我們不夠買兩雙的錢。"孩子："我討厭妳，妳從不買我想要的東西給我。"母親："這話眞難聽，妳心裡明知妳並不討厭我。而且，請妳說話小聲點兒，大家都在看妳了。"孩子（再提高聲量）："我眞的討厭妳，而且我才不管誰在看我。"母親："好吧！好吧！只此一回，下不爲例。我們買這雙紅皮鞋，但是妳一定要保證，不能再買別的東西了。"孩子："我保證！"

允許孩子超越權限或規矩，長期下來，對孩子是不智也不健康的。跟著過度妥協的父母長大的孩子，可能會變得過度倚靠父母的幫助，甚至到成年以後，依然故我。

還有一件。一個由高度"S"型演變爲妥協性強的父母，可能會難於表達自己的情感，特別是在他感到被壓搾、或被利用的時候。因爲這種父母已慣於犧牲自我來滿足他人的需要，所以當他們不被感謝時，也只有默默地在心裡承受。

切記，高度"S"型的人，需要領受眞誠而具體有形的感恩,來回應他的付出。

過度妥協的 "S" 型父母須知

● 溝通方面:敞開胸懷,流露你的情感。遇事不滿時,要勇於陳明,不要將情緒與挫折積壓在內心。再果斷一點,並切實守住既定的規矩。

● 步調方面:有時候你必須加快腳步,促使自己超越平日的舒適範圍。在合宜的情況下,更加採取主動。

● 優先順序方面:你向家人付出愛與關懷,是絕對錯不了的。但是,千萬不要變成救難隊,不停的忙著將孩子從麻煩裏保釋出來。要容許孩子經歷他們的行為所招致的合理後果。因為要使孩子成為有責任感的大人,必須知道如何處理自己惹來的麻煩。而這種操練的頻率,也會因孩子的年齡與行為模式而各不相同。

● 關於改變方面:要知道變化是在所難免的。就像家庭會遷移、孩子會長大離開等等,世事總是無法維持恆久不變的原狀。因此,我們固然應當珍藏過去的傳統、搜集與記憶,但也不要懼怕接受好的轉變。

● 關於自己:保留一些時間給自己,並不表示你就不屬靈,或是沒有愛心。不妨一週至少計畫一件事情,用來注入自己的情緒槽,以備隨時為他人付出。

溫和性強的 "S" 型的孩子

對於 "S" 型的孩子,通常有一件事是不必操心的,那就是他們有沒有朋友?他們雖不如 "I" 型的孩子能迅速融入群體,打成一片,但卻懂得精挑細選三五好友。他們傾向於沉默、隨和,並且有意討人歡心。因為他樂意迎合別人,所以很受歡迎。如果你有"S"型的孩子，別的父母或許會告訴你："你這孩子真是我女兒的好朋友，她實在很乖巧隨和！"

溫和性強的"S"型的孩子喜歡參與團體活動。在運動項目中，也是優秀的隊員。因為她們屬於慢步調，通常不會立刻攻擊目標，反而喜歡有技巧的迂迴穿梭戰術。她們喜歡由示範中學習。若要"S"型孩子做鮪魚三明治，千萬別期望她自己會想出做法。反倒應該花些時間，一步一步做給她看，以後她就能按部就班，正確的如法炮製。這項認知對老師而言格外重要。高度"S"型的孩子，往往會因不了解作法程序，又羞於發問，使得成績欠佳。

"S"型孩子在規劃完整、規矩明確的作習中，表現較好。而熟悉的環境也最令他們感到安全。他們害怕改變，並且極力維持原狀。不喜歡在習慣的生活中有驚奇或攪擾發生。不論是持續的變化、疑惑、還是危機，都會使他們內心激盪不安。因此，在重大改變發生之前，應當預先知會他們，做好心理上的準備。他們比其他的孩子更難承受家庭動盪。父母婚姻的裂縫足以導致他們極度的消沉。

許多"S"型孩子的父母，都說他們的孩子很好帶。我在此卻要提醒父母們，不要濫用這型孩子隨和的天性。

這種孩子通常很合群，在偏重人際的教導方式下，表現最佳。當父母雙方均屬高度"D"或"C"型、或是生活在偏重事務的家庭環境時，這型孩子就有可能產生內心的矛盾與掙扎。他們需要感受到親密的人際關係，才能蓬勃發展。

我朋友馬珊卓是一位律師、教師、兼作家。她就像一座倉庫，裝滿了DISC各型孩子表現出的趣聞軼事。為了說明"S"型孩子的隨和，她拿吉姆當作實例。吉姆在就讀的高中裡參選籃球隊員，他的父母深知他的球藝精湛，所以當他返家告知父母自己未被選上時，大家都為之震驚。

當他的父母詢問來龍去脈時，吉姆說教練給每位參選人一次機會，要他們自投球線射球進籃。只有投中的人，才能獲選加入球隊。吉姆卻碰巧失誤未中。

這對父母滿頭霧水，想不通怎麼會有教練以如此瘋狂的考試方法挑選球員？況且，即使是邁可喬丹，也難免有失誤的時候。

後來他們才獲知，事實上，這位教練想利用那一次投球，試驗他們的雄心與好勝心。任何向教練請求再試一次的人，都獲准繼續試投。但是，吉姆這個淡泊隨和的孩子當下認命，調頭就離開了。吉姆終究還是得到了補償的機會。他後來進了大學的初級校隊，並且證明給大家看，即使是與世無爭的孩子，也有驍勇善戰的一面。沒過幾個星期，他就被擢升入正式校隊了。

溫和性強的"S"型的孩子不喜歡變化。他們不喜歡改變作息，而搬遷到其他居所或都市的念頭，更會帶給他們極大的壓力。有個女孩兒，與她朝夕相處的家人都是快步調、又喜好變化的"D"型，無怪乎她在學校的作文裡，會作以下的抒發："我家的人都不喜歡重複做同樣的事；我卻總是喜歡做同樣的事。我媽媽隨時都忙裡忙外，閒不下來；我倒不喜歡做太多事，只想做一、兩件就好了。到了晚上，我們總會四處走走、逛逛。等我長大，我才不要老是往外跑。"

這個可憐無奈的小孩，在家裡感到無比的鬱悶。因為沒有人願意花時間去了解她究竟需要甚麼。

幫助"S"孩子之道

以下是一些有助"S"型孩子充分發揮潛力的方法：

●盡可能使家庭安定，減少突來的變動，並預先為他做心理準備。要記得，她需要較長的調適時間，所以不要強迫她立刻決定、或迅速適應。

- 鼓勵她常常表達情感。
- 幫助她設立目標，並以真誠的激賞獎勵她。
- 顯出你的肯定與支持。
- 竭力信守你的諾言。若是有突發事件，攔阻你無法實踐諾言，也要預期她可能會因失望而吵鬧一番。那時候，應當表達出你的歉意與同情，而不一味堅持要她以理性和邏輯的行為因應。
- 務必回答她有關做法上的疑問。隨時預備以具體的步驟解說。
- 邀她參與工作前，要親切熱忱地對待她。
- 從小多給她選擇的機會，藉以培養她自己做決定的能力。當她問你會如何處理某件事時，告訴她："我不知道，你認為該怎麼做呢？"
- 要留意對她說話的聲調，高亢、含怒的反應可能致使她緊閉心房。
- 不要勉強她與你看法一致，免得她一味降服於你，而不表白自己的想法。縱然她只是暫時的壓抑情感，將來總是會爆發的。

你是高度 "S" 型嗎？

以下列出 "S" 型的特性。想想你的行為和與他人的互動關係。標明適用於你的句子：

當他人有需要時，我會樂於相助。

我是個好聽眾，而且有辦法平息他人的怒氣。

我通常需要花些時間來適應新的改變；我比較喜歡保持原

狀。

一般說來，我算是個與世無爭，隨和的人。

生氣的時候，我通常會將情緒藏在心裡。

我喜歡營造穩固持久的友誼。

我擅長作短期計畫。

別人認爲我是個有耐心、又很少埋怨的人。

我常會發現一些可以避免爭執、保持和平的良方。

動作快的人受不了我的慢步調。

我最不喜歡做的事，就是要自己想出做法的那種。只要實地做給我看，我就能很好的照做出來。

別人和我相處時，通常感到輕鬆自在。

有時候，我會太過心軟。

如有必要，我願意帶頭，但是一般說來，我比較偏向於跟隨。

我樂於身爲團隊的一員。

我喜歡名副其實的稱讚，但是太受矚目，反而會讓我感到尷尬。我是個可靠的員工；我的工作態度也認眞嚴謹。

我通常很難當機立斷。

7 "C"—謹慎型

糾正性強的父母，嚴謹性強的孩子

在這四種行為模式中，"C"型（代表小心謹慎、負責認真、順從、準確）可算是最為精彩的。高度"C"型的人表面上含蓄沉默，但內裡卻有意想不到的豐富蘊藏。

經常聽人如此形容高度"C"型的人；"初識時，他非常沉默寡言，等到進一步熟絡後，才發現他真有意思！""上課討論時，她並不多言，可是從交來的報告看來，她比那些滔滔不絕的人更有獨到的見解。""從來不知道她這麼有創意。""我總覺得他冷若冰霜，沒想到那天見到他與太太、女兒在一起時，竟是熱情無比。"他能在為時兩小時的會議中，耐心聆聽各家高談闊論當前的難題，最後終於開口時，竟提出絕佳的解決之道。"

"有時候我覺得她不喜歡我，有時卻又覺得很溫馨友善。真猜不透她。"因為高度"C"型的人生性矜持含蓄，所以千萬別對他們以貌取人。單憑第一印象是不可能了解他的。高度"C"型的人偏重事務、幹練有能力、又重視品質。他們有隱密性人物的傾向，他們在獨處與單獨工作時，最感到自在舒暢。他們的獨立性源自於深度的內在省思，也就是將注意力集中在已有的資源上。這種性情會留給別人自信、自制、依靠自己與自我引導的印象。他們在情緒上是矜持的，總是忍住情感，不輕易流露。在建立新關係時也小心戒慎，通常會等候另一方先採取主動。

謹慎型的七項特徵

●保持高標準：他們以強烈、苛刻的內在權柄作為嚴格的量尺，測度著自己和自己的舉止行為。他們要求自己經手所做的一切，都必須是最佳作品。若是無法達到心裡的標準，就會感到內疚不安，甚至與自卑感糾纏。又因為怕別人會批評自己的工作成果，所以就不顧一切的賣力工作，來避免它的發生。

●注意細節：高度"C"型的人非常注意重要的細節，並且期望他人也如此。他們希望手中的任務能完美無瑕的完成，直到最後一個環節。也正因如此看重細節，使得他們很少犯錯。

●自治：他們對工作的態度認真嚴謹，並且能緊湊、專注的努力。他們認為自制是成功的要素，也是最起碼的表現。

●警覺：在生活中的各方面，他們都是小心、算計、審慎的，因此就有逃避風險與不隨易浪費的傾向。另一個傾向是，倘若他們沒有把握能將事情做的盡善盡美，就寧願不做。在情感表達方面，對他們來說是不易、也不自在的，於是往往給人一種冷漠而有所保留的感覺。

●善於分析：他們的頭腦掌控著整個人。採取行動前，都會先檢視情況，徹底思考，訂定計畫。他們重思考多於行動、重事實甚於感覺。非常客觀，也很少讓情緒、奇想、或是隨興的反應使自己失態。

●直覺性高：因為他們隨時收集、整理資訊，所以高度"C"型的人有辦法以合邏輯的內在直覺，看清周遭的人與環境。

●做事有方法：這種人用他們的分析特質，歸納出自認為正確的方法，用來執行各樣的程序。不論是在處理億萬的投資案、或者只是把碗盤排進洗碗機，都自信自己的做法絕對是最好的。他們可以輕易的分辨出對錯，但卻難以在兩個"好的"或"對的"事物中取決。

高度"C"型的人在友誼的發展上很小心。起初，他們可能會關心工作的品質甚於工作中的人際關係。人群和友誼對"C"型人來說雖然很重要，但是通常是循序漸進的。

由於"C"型的人在群眾中會有所保留，所以他們需要許多誘因來催促，才能在公眾前說話或表演。他們天生的行為模式，使得他們不願擔任領袖。這並不表示他們做不到，只是若要他們帶領，就要耗費他們更大的精力，因為他們必須強迫自己跨出自己的舒適範圍。

他們在決定方面稍顯緩慢，因為一心要做"正確"的決定。他們行事謹慎而從容、匯集各方事實、深切的關注到最小的細節以及所有的可能性。然而，一旦下了決定，就會貫徹到底。

許多高度"C"型的人都有一個有趣的特點，就是有時候會難以入眠。他們必須在睡前一小時，先關閉他們的思想處理功能，免得會躺在床上繼續分析在腦子裡游移的事物。

有個高度"C"型的朋友告訴我，有一回經過特別忙碌的一天後，她筋疲力竭的上床睡覺。她先生開口問道："妳明天有甚麼事？"她回答說："你是真的需要知道，或只是想聊聊？如非必要的話，我不想現在就開始籌劃明天。"

這位先生就說："噢，我只是隨口說說，並不需要知道。"可是這時候為時已晚，她的頭腦已經再度啟動，因此就難以睡著了。

高度"C"型的最大優點是他們的正確性、可靠性、獨立性、貫徹性和組織能力。而他們的最大缺點是他們挑剔、批評以及過度小心的傾向。

有位女士提起她高度"C"型的先生，花了一年的時間，才挑中一雙正式的皮鞋。現在她又開始擔心了，因為她先生有意買新車。"如果買雙鞋子需要花一年的時間來考慮，"她說，"那麼我猜我們的新車要等到下一次哈雷彗星經過時，才能開進車庫裡。"

聖經中的例子

當神有意將律法刻在石版上時，祂注意到這位高度"C"型的摩西。於是要他精確的紀錄下來，並且向以色列國宣揚。你若思想一下聖經中頭五卷書裡紀錄細膩的歷史事蹟，以及那些繁複的律法（單從利未記即可了解），就能恍然大悟，這樣煞費苦心的記載，與上帝律法的仔細保存，實在需要一個有分析能力與組織能力的人來勝任。神吸引摩西注意的方法與用在保羅身上的方法不同。在大馬色的路上，神直接與保羅正面相遇，又藉著可致眼瞎的強光將他擊倒，跪在地上。神對摩西也是用光，但卻是在山上，以微弱、閃爍的光來吸引他。按照高度"C"型的特點，摩西的好奇心果然被挑起，於是就上前查看。在出埃及記第三章裡，神仔細的解說祂為為奴的以色列人所預定的計畫，這正是"C"型的人所需要的。祂告訴摩西這項作為的緣由（第七節），又給了摩西祂的計畫說明（第八節），祂還讓摩西知道他將扮演的角色是甚麼（第十章）。神就這項拯救子民的計畫，在人物對象、事件、理由和作法上，都逐一做了仔細的說明。摩西針對神所交付的任務提出許多疑問，神也耐心的一一回答他。但是摩西要求再三的保證一切將會按計畫進行，於是，出埃及記第四章描述了神所運用的三個神蹟，為要證明祂向摩西所發出的訊息是千真萬確的。

●神使杖變為蛇。

●神使摩西原本健康的手長出大麻瘋,然後又使它痊癒。

●神將尼羅河的水變爲血。

摩西因此而毫無推辭的藉口,但是他仍然不願單獨面對法老。於是,按著摩西的"C"型作風,他再一次提出另一個證明自己不是合適人選的理由,那就是他不善於在群眾前說話。這時候,神開始失去耐心了,但是仍然答應他可以帶著他的哥哥作爲代言人。根據摩西的故事,以及前述三章中的聖經故事,我們看見神是如何的因材施教。袖的方法似乎是配合著每個人行爲模式的需要和動機。袖也以同樣的作法,帶領我們每一個人。

糾正性強的 "C" 型父母

糾正性強的"C"型父母自認他們的艱責重任是要確定子女會走向正途。他們試著教導孩子全力以赴以及竭力追求完美與高品質的重要性,著實令人敬佩。他們要孩子充分發揮最大潛能,並且專精於所做的事務。

"C"型父母會鼓勵孩子就孩子有興趣的事物,多方查考、研究、和發問。他們喜歡和孩子一起做深入與分析層面的討論,還喜歡解釋做成決定背後的理由,並且鼓勵孩子三思而後行。當子女或配偶提出有助於他們抉擇的資訊時,他們必然豎起耳朵,專注聆聽。他們通常不輕易發怒。而在祥和的環境中,他們會是教養有方的父母。因爲他們有詳加解釋的欲望,所以傾向說教的方式,而詳述的細節可能會超過某些行爲模式的人("D"型與"I"型)所能接受的程度。因著他們含蓄的天性,會使人覺得淡漠無情。他們是喜歡隱密的人,不輕易表達內心深處的觀感。

經過這些年,我終於懂得欣賞並珍惜凱倫這種小心翼翼的性情。

　　我曾有意買一部二手車。期望的是日本本田型的車子，結果真的找到一部，而且既漂亮、里程數又低。回家告訴凱倫之後，她說："太棒了，真高興你找到想要的車子。不過，我只希望你做一件事，就是將這部車送去經銷商做個檢查。說不定它曾經被撞過怎麼辦？"

　　我很想要這部車，實在不想再找麻煩、浪費時間，於是我回答："這家舊車行的銷售員向我保證過，這部車子絕對沒被撞過。而且，我自己也檢查過了。"她說："我不是不讓你買這部車，只是如果你願意送去檢查一下的話，我會比較放心。"

　　我終究還是同意了，也將車子送到經銷商去檢查了。長話短說，這部車子的確被撞過。板金工人告訴我，那些車禍的痕跡被掩飾的很好，並且一一向我指明。他是這麼說的："包先生，我知道你很喜歡這部車子，但換成我的話，我是不會買這部車給女兒開的。我不認為它很安全，而且前面的輪胎也隨時會脫落。"

　　我毫無疑問的相信，神知道我們需要凱倫小心警覺與盡責的性情，作為我們家的安全護衛。糾正性強的"C"型父母不喜歡衝突與正面對決。他們試圖以邏輯與說理來糾正行為，比較喜歡採用"暫停"與"限制"作為處罰，因為這樣可以鼓勵孩子檢討自己的行為。

　　糾正性強的"C"型父母深知愛中必須帶有規矩，並且有比較看重規矩的傾向。

神的"C"型模式示範

　　神雖然是滿有憐憫、慈愛的，然而當祂的子民偏行己路時，也會糾正、處罰他們。祂的管教永遠是出於愛，因為祂深知甚麼對我們是最好的，也深願賜給我們那上好的：就是行在祂的道路中，遵行祂的眞理。希伯來書十二:6-11這樣說：“因為主所愛的，祂必管教，又鞭打凡所收納的兒子。你們所忍受的，是神管教你們，待你們如同待兒子。焉有兒子不被父親管教的呢？管教原是眾子所共受的，你們若不受管教，就是私子，不是兒子了。再者，我們曾有生身的父管教我們，我們尚且敬重他，何況萬靈的父，我們豈不更當順服祂得生嗎？生身的父都是暫隨己意管教我們，惟有萬靈的父管教我們，是要我們得益處，使我們在祂的聖潔上有分。凡管教的事，當時不覺得快樂，反覺得愁苦，後來卻為那經練過的人結出平安的果子，就是義。”

　　我們需要為所犯的錯與不智之舉認罪，來回應天父糾正式的管教。祂也希望我們對祂的眞理有一顆願意接納受教的心。提摩太後書三:16-17告訴我們：“聖經都是神所默示的，於教訓、督責、使人歸正、教導人學義、都是有益的。叫屬神的人得以完全，豫備行各樣的善事。”聖經教導我們——指引我們與神、與人相交的正確之道；責備我們——指出我們偏離眞道的行為；糾正我們——告訴我們歸回正路的具體方法；操練我們合宜的生活——教我們避免重蹈覆轍，更領我們步入滿有智慧的生命。這是天父賞賜給我們最有助益的一本書。

管教不當的 “C” 型父母

　　當 “C” 型父母被害怕犯錯的恐懼所控制時，他們會變得過度要求完美。

恐懼

糾正性強的 ──────────→ 要求完美的

不合理的行爲與犯錯

完美主義的父母要求每件事都須按照"正確的"方法做，而且無法容忍任何偏差發生。他們試圖藉著使孩子達成高標準，來維持他們的掌控。

因爲他們有如此崇高的標準，所以管教方式也傾向於重視表現。在他們看來，當某些父母的孩子，符合一張特定的圖樣時，才足以被稱爲好父母。他們有思想古板、受控制、有條理、重規矩的傾向，同時也很難與子女在情緒層面上契合。大體說來，他們害怕親密感，而且會閃躲與子女親暱的機會。

有一位完美主義的母親告訴我，她不覺得自己的孩子需要聽到媽媽對他說愛他。"我無需告訴孩子我愛他，從我爲他做的一切，他就應該明白了。"

這種父母不但怕犯錯，更怕做一個"不好"的父母。正如專制的父母一般，完美主義的父母也有認錯的困難。因爲他期望一切完全照規定來做，所以，即使孩子做對了，完美主義的父母仍然會找出一些下回可改進的地方，於是，孩子會聽到父母說；"你做的很好，但是..."這樣的話。

長期下來，這種不被看好的感覺，會損害孩子的自尊。他可能會頹喪放棄，並且這麼想："再試也沒有用的，反正我永遠都做的不夠好。"

完美主義的父母有簡明的處事原則：要做就做好，否則就別做。

完美性強的 "C" 型父母須知

為加強教養技巧，糾正性的"C"型父母需要運用一些互動性強的"I"型與扶助性強的"S"型父母的優點。藉著多與孩子們玩樂，得以避免自己過於要求完美。隨時記得多注意孩子的人性面，不要只重視他們的表現，也不要凡事太過嚴肅。

●不犯錯方面：要接受沒有人永遠是對的這個事實，不要緊的。不健康的完美主義會導致孩子以為他們即使再努力嘗試，還是做的不夠好，也得不到你的歡心。偶爾犯個錯，也無傷大雅。再者，如果你有一個喜歡嘗試以新穎方法做事的孩子，請允許他發揮他的創意。

●衝突方面：面對衝突，不要逃避。

●溝通方面：有幾個要點當牢記在心：1) 敞開自己，將感受說出來。不要以為家人應該猜得出你的心意。2) 把持自己，不要對他人作過度的分析或解釋，因為不是每個人都需要、或喜歡像你一樣的細節程度與想法。3) 還有，要小心發問。有時候，問的太多，會讓人誤以為你在調查，而不是單純的交談。4) 用關懷的口吻表達你的批評或反對。

●優先順序方面：注意別讓必須做的工作、家事、和任務超越孩子的重要性。按計畫生活固然重要，但千萬不可讓計畫超越到孩子之前。正如高度"I"型的父母可能會說的："輕鬆點，不必凡事太認真。"

●步調方面：放鬆自己，和家人相處時，可以再隨興一點。

●關於你在分析方面的優點：有時候你會因為太注意一棵小樹，而忽略了大片森林美景，小心不要陷入難以自拔的分析泥沼裡。

最近，有一位高度"C"型的母親對我說，她一直在和自己過度糾正與完美主義的傾向搏鬥著。"當我教女兒烹飪時，最能自我查覺到，"她說："愛麗森是一個高度"I"型的女孩，她也很喜歡烹飪，但就是不肯按照食譜的步驟做。她想用更創意的方法，拿這些食譜做實驗。要我忍著不插手，也不說"應該這樣做"，眞是難之又難。"

嚴謹性強的 "C" 型孩子

"C"型的孩子思想多採分析式，對生活嚴謹認眞，要求自己所做的一切，都要反映出他們的高標準。

他們自幼即展露出組織整理的能力，會將玩具歸類、排列整齊、玩拼圖、並能精確的完成課業。基本上，他們的每樣物品都有固定的位置，並且都會物歸原處。

一天，我走進克莉斯的衣帽間，去掛幾件剛燙好的衣服。才一進去就注意到，每一格凹入式的書架裡，都各自放置著同一種類的玩具：娃娃在第一層，塡塞動物玩具在第二層，玻璃和陶磁雕像又放在另一層。每一格都完美的佈置妥當。

克莉斯喜歡保持她房裡的每一樣東西都整齊清潔。當我或是她母親吸塵的時候，她會搬動家具，或將地上的物品先挪置於椅子上，好讓我們可以吸到底部。

"C"型的孩子傾向於完美主義，通常不做成功率不大的事。當克莉斯學寫字的時候，老師出了一道功課，要他們寫信給正在波斯灣作戰的戰士們。於是，克莉斯先口述了她想說的話，要我將內容寫在一張紙上，之後她再逐字照抄，這樣才不會有錯。（這是她的指示，並非我的主意。）她就一次一個字母的寫著，抄好的字就一一從我那張紙上畫掉。如此小心翼翼的寫著，直到全部完成。

當高度"C"型的孩子未能達到自己的高標準時，就會在自尊心的問題上盤旋。他們的目標是要做得正確。此外，他們也有獨斷獨行的傾向，因爲這樣才能確保結果能達到自己要求的水準。

他們重視細節的傾向，有時候也流露在藝術方面。有位母親如此描述她的女兒："我注意到她小時候畫房子時，我們家門前若是有四層階梯，圖畫裡也就是四層，如果窗戶的鉸鍊脫落了，圖畫裡也必然照樣反映。

這些孩子有敏銳的觀察力。他們細察周遭發生的一切，並且隨時衡量、評估置身其中的事物。他們可能具有敏感、藝術、或音樂的天分，以及驚人的資訊庫存。這種"知識能力"可能會令那些無知的大人難以忍受。他們比大部分的人提早學會說話和讀書。通常他們樂於讀書，也比其他孩子更愛聽大人讀長篇故事。

他們受不了不講邏輯與不切實際的人，又過度熱心於傳授"正確的"做事方法給別的孩子。我聽過一個幼稚園小孩的故事。他在點心時間，看到一些小孩沒有把點心放在紙巾上，就上前糾正其中一位，也隨即得到老師的誇讚。於是，在接下去的幾個星期中，他就自動擔任起點心糾查隊。後來，老師在家長會中對他的父母說："我想我該讓嘉西知道，不要在點心時間充當老師了。"

高度"C"型的孩子有躲避人際糾紛的傾向。他們通常與人意見一致，與世無爭。藉著了解別人的期望，並全力達成，能很快的體會如何與人相處。他們的要求不多，也不輕易流露情感。即使表達需要，也是採取間接的方式（並非直來直往的)。

他們有隨時自我反省的傾向。有位高度"I"型的母親，在一次子女的設計研習課結束後，銜著淚水來找我。她說："我終於了解我的女兒了。她是個高度"C"型的孩子，但是她的哀傷與沉重深深困擾著我。前幾天，她從學校回來對我說："我覺得自己好像是學校裡的異類。"這話真令我心酸，我該怎麼做才能使她快樂呢?"

我告訴這位母親,當務之急就是讓她女兒自然的做"C"型人。她需要讓女兒知道,在意一些事情是不要緊的,然後再慢慢的引導她走出來。當她想談談女兒的感受時,在女兒願意的前提下,也要小心應對,並且不要強迫她剖析自己的隱私。

我更進一步的解釋,如果她把擔憂看的太嚴重,她的女兒就會爲擔憂而擔憂,因而陷入擔憂的惡性循環中,並且走向更深一層的自我反省中。

嚴謹性強的"C"型孩子希望能被人視爲精明能幹。因爲他們凡事求好心切,所以有時會分析過度,不同模式的大人也因此常會對他們說:"你知道你的問題是甚麼嗎?就是想的太多了。"

他們倔強的內在世界,使得自己難以承受批評,尤其當他們認爲批評不公的時候。曾經有個小女孩,在放學騎腳踏車回家的途中,遇到修路工程,所以只好繞道,無法按照媽媽指示的路線回家。當她抵家時,母親已在門外鵠候,並立刻責怪她沒有遵行媽媽交待的規矩。這個女孩兒隨即發出典型的"C"型反應,淚水潸然而下,一時間瞠目結舌,說不出話來,然後就跑去痛哭了一場。等到她的情緒平復後,才有辦法說明來龍去脈。

高度"C"型的孩子對該做的事情會問明理由。有些父母就難以忍受他們太多的"爲什麼"。因爲他們有強烈的好奇心,所以需要許多機會來試驗、發掘、並尋求"如果..."和"這會有甚麼後果?"這種問題的答案。

幫助"C"型孩子之道

●用"你在想甚麼?你覺得如何?"這樣的話,小心地將他引出自己的玻璃屋。不過，要慎選時機，切勿侵犯他的隱私。

●給他足夠的時間，完成高品質的作品。不要催促他。若有耽擱拖延，也是因爲他想把事情做的更好。

●幫助他培養忍受不完美的能力。

●看重他的身分，而不單看他的成績表現。不論他做的如何，都要肯定他的價值。

●信守你的諾言，每個重要環節也都當貫徹到底。

●用直接、坦率的方式對待他。不要偏離正題。

●你若不同意他的看法，要把理由解釋清楚。隨時回答他尋求原因的問題。給他從容的時間發問，並回以深入的解說。

●給他獨自恢復的時間。他需要時間去“過濾”與思考。當他未能達成自己的期望時，在鼓勵之前，先給他一些可以抒發沮喪的時間。

●支持他對事物細膩、分析式的做法。他是不會未加思索就莽撞的說話或行事的。

●具體讚賞他的工作品質。大而化之的讚美，像是：“做的很好！”“哇！眞棒！”或是“你的獨奏很傑出！”，恐怕難以達到激勵的效果。要說出到底是甚麼好：“我看得出來，你下了很大的工夫，才把獨奏的每一個音符彈的如此完美。”

●不要說他的憂慮、問題、或是困難很愚蠢，或是不重要。

●不要催促他作決定。

●對彼此間的期望不要含混不清。

●不要恐嚇他，或是用高亢、生氣的語調對他，他會因此而卻步，在壓力下做出表面的配合，但在內心深處，卻籌劃著下一步行動。

●不要想藉微薄的獎賞誘導他做事，他有辦法看穿你的伎倆。

　　●試圖說服他時，不要過度情緒化。要堅守事實與可靠的消息來源。

　　●要他回答之前，務必給他思考的時間。

　　●不要在他工作時打擾他。

　　●爲他設定可以遵行的作息。

　　●要他睡覺之前，提早給他時間"關閉"頭腦。對某些人而言，看書很有效。你可能需要幫助他回想這一天，協助他反省失敗與成功之處，並做成一些決定，這樣才不致倒在床上想個不停。

　　●要小心防止自己訂出過高的標準，因爲他個人的標準已經夠高了，別再用你的標準打擊他的士氣。

你是高度 "C" 型的人嗎?

　　下面列出"C"型的人所具有的行爲模式特質。想一想自己的行爲舉止，以及與他人的互動關係，然後標出最適合用來描述自己的句子。

　　我喜歡專心把事情做好。

　　我很善於整頓自己的事務。

　　正確性對我來說是很重要的。

　　我非常尊重權柄和規則。

　　我對自己持有高標準，有時甚至會過高。

　　別人認爲我是個拘謹、含蓄、又嚴肅的人。

　　有時候，我很難被取悅。

　　在我作決定前，我需要先收集所有相關的事實和資訊。

　　我不喜歡犯錯。

　　我是個很好的策劃人；我有能力將一個大課題，分解爲許多小部分。

我會把事情放在頭腦裡仔細解析。

處於壓力下時，我傾向於躲避正面的衝突。

有人覺得我動作慢；我倒喜歡用“按部就班”來形容自己。

我把情緒保留在心裡，只有當我感到放心的時候，才會抒發出來。

一般說來，我是一個機智、圓滑、又有禮貌的人。

成為孩子的學生　8

讀這類的書是帶著危險性的。眞的，這種危險存在於所有教養類書籍中。

　　我的私人圖書館裡，有超過十五本以上，以教養孩子爲主題的書籍。因爲我也像你一樣，期望能將最好的給子女，於是就利用書刊、錄音帶、以及演講會來幫助自己學習。然而，就當我放棄作自己孩子的學生，反倒變爲教養技巧的學生時，這個危險也就隨之潛入了。

　　這本書的最終主旨，是要你研究自己的孩子。DISC行爲模式只是提供你一套用來發掘與討論孩子行爲模式的方法，爲要使你更加珍惜欣賞子女的行爲模式，而不至於將之視若威脅或是缺陷。

　　看完前述四章後，你會比較清楚自己屬於哪一種行爲模式。希望你也開始能歸納出自己的孩子是屬於 “D”（掌控型）， “I”（影響型）， “S”（穩定型），或是 “C”（謹愼型）。

　　有些父母可以毫無困難的決定孩子所屬的類型，他們會說： “她從不惹麻煩。是個隨和的好孩子。”“他總是沒辦法安穩的坐著。遇事就一頭栽進去，包括爛泥坑在內。”“我早就知道，這孩子總有一天會作律師。不論大小事情，他都會據理力爭。”“我們的兩個孩子是完全相反。一個可以單獨在房間裡，玩好幾個小時娃娃。另一個卻認爲獨處是一種懲罰。”

　　但這並不表示一個人的行爲模式，從一出生就很明顯。很多父母要等到孩子六歲、八歲、或更大時，才判斷得出來。

下面列舉幾種造成父母難以辨認孩子行為模式的原因：

孩子的行為模式仍在"形成中"。孩子會在不同的成長階段，試用不同的行為，以考量何者為宜。因為她想知道她所行的是否合乎自己的想法與感覺，於是就重複使用舒適自如的行為，同時避免另一些足以引發問題、或感到不自在的舉動。如此一來，她的行為模式就會根據各種行為的可行與不可行性，漸漸發展出來。而在這過程中，往往令想要了解子女的父母親們捉摸不定。

孩子長大，步入各種特定的環境。隨著孩子漸長，她終將會與你漸行漸遠，投入更多的時間在結交朋友上，或是在學校裡。然而在各種際遇中，她的行為會因地而異，為要滿足不同環境中的不同要求，或者單純是隨著不同群體起舞，浮現行為模式中的其他特質。

身為獨子的我，在成長過程中，在家裡向來是個隨和又聽話的孩子。然而，進入高中時代後，我不但加入了熱門樂團，還是班上的甘草人物。有一回代課老師來上課，我還假扮成從西班牙來的交換學生。

等到老師針對我的偏差行為，將通知送到家裡時，我的父母簡直難以置信。"誰？我們的兒子會幹這種事？"顯然的，我在家裡的行為模式與在學校是判若兩人。在家裡，我是採取聽命順從的行為。

距離太近，以致無法客觀地看待孩子。你可能還不曉得自己的行為模式會左右你的判斷。你的觀念會受你對子女的期望、夢想、與憂慮所牽引影響，使得你忽視她的整體個性。

你的孩子是許多不同行為模式的綜合體。她是DISC四種行為模式以不同的強度組合而成的。大部分的人具有DISC中一種主要的模式，但是通常也會在另外的一兩種上獲得高分。所以要避免將孩子單單歸納入特定的一類。

這個情形就發生在我兒子契德身上。我們雖然知道他是個高度"D"型的孩子，卻一直沒注意到他在"I"型上也得到高分。凱倫和我都屬於任務導向，所以或許是我們太過於用自己的行為模式來解讀他的行為。

於是我們開始注意到，在契德身上長久以來被我們視而不見的另一面。原來，他有辦法加入一群素昧平生的男孩子中，馬上就談笑風聲。而我們也終於明白，每當我們教他功課時，他總愛打岔，說些不相干的事，並非都是有意操控我們，有時他真是誠心誠意的想談談話。長話短說，我們對契德的看法是完全改觀了。

我要說的是，不要將孩子鎖定為某種型式，又自以為一切都瞭若指掌了。這份資料就是為要提供你一項工具，可在孩子的成熟過程中，作為發掘與鼓勵他的特長之用。我們的目的是要協助你幫助孩子發現她的"模式"，使她到老也不偏離正路。

探討孩子的步驟

在開始前，這兒有幾點建議：

1. **盡量在各種不同的場合多觀察，找出她的行為模式。**
   在遊樂場、學校、或是公園裡，仔細觀察你的孩子。看看她與其他的孩子和大人之間的互動關係如何？與人初識時，她的舉止如何？她喜歡以甚麼方式來放鬆自己？甚麼東西會使她感到興趣？她喜歡做哪一方面的課題？她所展現的想像是哪一型的？觀察時，不要專挑需要被指正或糾正的行為，只要多注意看。如果你是任務導向的父母（"D"或"C"），這將成為你的一項挑戰。

2·***請教一些會在其他場合接觸這孩子的人***。找孩子朋友的父母與老師談談。問問親朋好友,從他們眼中看這孩子,是屬於何種行爲模式。但是一定要帶著包容的心來聽。你若眞想作孩子的學生,就必須面對她有可能並不符合你先前對她的印象

3·***作最好的假設。根據你收集的資料,設定一個假設。***然後耐心觀察,看看她平常表現出的行爲,是否與你所假設的DISC模式一致。哪些相同?哪些不同?孩子的老師怎麼看她?邀請老師作一份本章後所附的"孩子的行爲模式存庫"問卷,再將之與你的看法作比較。看看你們的想法,是如何的相同與不同。

4·***注意他的第二高的行爲模式***。將所有行爲模式的說明都徹底讀過,查看有哪些適用於這孩子身上。你很可能會發現她除了具有一個主要的模式外,同時還屬於第二高傾向的行爲模式。

5·***要願意修正自己對孩子的觀感***。有一件必然的事:就是你的孩子在持續的成長與改變。允許她自然的形成,而不強迫她改變。千萬不要想把孩子塑造成一個特定的樣子。藉著DISC模式來了解與欣賞神造人的多樣性,並肯定與鼓勵孩子按照她的特性成長。但要避免自己把孩子定型了。

6·***聆聽配偶的看法***。父母親對同一個孩子持有不同的觀感並非罕見。何以如此?因爲他們與這孩子的相處情況,可能截然不同。

某公司的副總經理,認爲他的兒子是"D"型,而他太太卻認爲他是"S"型。原來這位父親只有在晚上與週末,工作結束後,才有與孩子相處的機會,所以他們的關係是屬於任務導向的,也就是說,他們會一起做些事情,一起去些地方,於

是他看見的是孩子的那一面。而他太太是一位在家的全職媽媽，與孩子有更深層次的關係，在她眼中，孩子是既合作又隨和。他們夫婦倆的結論是，這個兒子是兩種模式的組合體。

7. **使用本章後述的題庫**。許多父母都發覺"孩童行為模式題庫"是用來了解孩子的極佳工具。我也建議你能取得孩童行為模式認知或是青少年行為模式認知這兩份資料 (Child Discovery Profile or Teen Discovery Profile)，可供孩子們查驗自己。利用這些資料，可以幫助你決定孩子屬於哪一類行為模式。

當你看出孩子行為模式的一些端倪時，又該如何運用在教養上呢？

這個好問題的答案是，要非常小心的使用。

詩篇一二七篇第三節說"兒女是耶和華所賜的產業，所懷的胎是他所給的賞賜。"每一個禮物都是神匠心獨具的創造。當你明白這個獨特的設計時，你就能在那架構中，訓練你的孩子走他"當行的道路"。這樣做來，你就成了神的合夥人，一起開發孩子的天賜潛力。

在接下去的幾章中，我將告訴你該怎麼做。

附註：填寫以下題庫時，請記得：

1. 這項DISC資料是描述各種行為傾向。它刻意的將人們行為的傾向一般化，而並不是要提供個性上的完整了解，也不是要將人硬套在不同的類別中。

2. 行為科學家說，人類受兩種基本力量所帶動。其一是被"需要"所帶動，另外就是被"價值觀"所帶動。這項問卷只著眼於"需要"所帶動的行為上。

孩童的行為模式題庫

孩童姓名：_____

想一想這個孩子，然後在下面各組包含了四種性向的問題中，根據孩子的特點和行為舉止，在適於描述這孩子的項目前，評定最高 (4) 分，到最低 (1) 分。（為配合本書一貫的做法，在題庫中使用的是女性代名詞"她"，請按對象，適切的變化為男性代名詞"他"。）

------- 1 -------

a ＿＿這孩子非常任性、固執。她要甚麼就非要到不可。

b ＿＿這孩子從來都靜不下來。即使玩耍時間結束了，該緩和下來的時候，她還是想玩。

c ＿＿這孩子通常心情愉快，笑的時候比哭的時候多。

d ＿＿這孩子見到生人通常會躲避，或是抓著爸媽不放。她需要較長的時間來接納不識的人。她一開始會退縮，適應起來也很慢。

————————ﾟ 2 ﾟ————————

a ＿＿這孩子動作敏捷又獨立，並且喜歡自己做事。

b ＿＿這孩子的情緒起伏很大，善於表達情感，並且具有戲劇天份。

c ＿＿這孩子一般看來是安穩隨和的。她的反應度通常很低，或是溫和的。

d ＿＿這孩子喜歡保有自己的隱私，有時候會顯得孤僻，或是不合群。

————————ﾟ 3 ﾟ————————

a ＿＿一般而言，這孩子不會對情感作出過度的回應。

b ＿＿一般而言，這孩子在大部分的情況下是樂觀又熱心的。

c ＿＿這孩子不會積極嘗試新的事物，通常比較喜歡舊有的和熟悉的。

d ＿＿這孩子很好問，而且在作決定前，通常會先徹底想過。

————————ﾟ 4 ﾟ————————

a ＿＿一般而言，這孩子是活潑好動的。她是個開拓者，也是個冒險家。

b ＿＿這孩子很容易結交朋友，也喜歡置身於人群中。

c ＿＿這孩子能與人合作，通常也很和善。

d ＿＿這孩子在新環境中，會採取謹慎猶疑的態度。

————— 5 —————

a ＿＿＿這孩子很難帶領，她還會挑選跟隨的對象。

b ＿＿＿這孩子會搖擺於許多活動之間，並且常常是半途而廢。

c ＿＿＿這孩子很容易在壓力下降服，而且會模仿別人的行為、規矩和習慣，甚至於到了誇張的地步。

d ＿＿＿這孩子的身體活動程度，通常是偏低，或是中等的。

————— 6 —————

a ＿＿＿這孩子易怒，而且會強索她想要的東西。

b ＿＿＿這孩子做事沒有條理、凌亂、又健忘。

c ＿＿＿這孩子難以接受突來的改變。她會固執地默守成規，希望一切保持寧靜祥和。

d ＿＿＿這孩子一般看來很溫和，即使在不利的情況下，她的反應也是沉默自持的，然而她的內在反應卻強烈許多。

————— 7 —————

a ＿＿＿這孩子的好勝心極強。

b ＿＿＿這孩子似乎太注意別人在做甚麼。

c ＿＿＿這孩子不喜歡爭執，也逃避正面的衝突。

d ＿＿＿這孩子常常看來一副沉重又悲傷的樣子。

————— 8 —————

a ＿＿＿這孩子願意表達她的想法，也會直言她想要的東西。她甚至會直率而犀利的談論她所厭惡的人事物。

b ＿＿＿＿這孩子聒噪不停。她喜歡對朋友訴說自己的成就，也非
　　　　常有手法說服別人為她做事。

c ＿＿＿＿這孩子通常多聽少說。

d ＿＿＿＿這孩子提出很多複雜的問題，而且需要許多精細的解
　　　　說。

得分表

將八組題目中的得分，轉載於下表中。然後將每一直行的得分
加總。積分最高的直行，即反應出這孩子的主要行為模式。

1a ＿＿＿	1b ＿＿＿	1c ＿＿＿	1d ＿＿＿
2a ＿＿＿	2b ＿＿＿	2c ＿＿＿	2d ＿＿＿
3a ＿＿＿	3b ＿＿＿	3c ＿＿＿	3d ＿＿＿
4a ＿＿＿	4b ＿＿＿	4c ＿＿＿	4d ＿＿＿
5a ＿＿＿	5b ＿＿＿	5c ＿＿＿	5d ＿＿＿
6a ＿＿＿	6b ＿＿＿	6c ＿＿＿	6d ＿＿＿
7a ＿＿＿	7b ＿＿＿	7c ＿＿＿	7d ＿＿＿
8a ＿＿＿	8b ＿＿＿	8c ＿＿＿	8d ＿＿＿

總分　a ＿＿＿　b ＿＿＿　c ＿＿＿　d ＿＿＿

（a=D；b=I；c=S；d=C）

深入研究

作孩子的學生是一項每天都要做的功課。每個日子都呈現
著許多可以了解孩子的機會與經驗。只要悉心的觀察她們、聆
聽她們，就能拾取許多重要的暗示與跡象，可用以了解孩子，
並引導她們走當行的道路。

有一些其他重要的問題，值得多加思考：

●孩子的活動程度屬於快步調還是慢步調？

●孩子的焦點常放在做事還是與人相處上？

●孩子較常說話還是發問？

●甚麼最能啓發孩子的興趣？

●孩子最害怕的是甚麼？

●甚麼最使孩子感到沮喪？

●孩子常常重複說些甚麼？

●孩子持續參加的活動，與經常表現出的行爲有那些？

　　作孩子的學生就是要與孩子討論你所觀察到的現象。養成每天向孩子提出需要多加闡釋的問題，例如：

●這件事（例如：在樹上蓋小木屋、找朋友到家裡玩）最令人興奮的是甚麼？

●發生這件事（例如：蘿瑞不停的搶你的玩具，又指揮你做事）最讓你感到沮喪的是甚麼？

●今天在學校裡，發生了甚麼最令人高興的事情？與最叫人難過的事情？

●你最喜歡＿＿＿的哪一點？你最偏愛的＿＿＿是甚麼？

　　這類問題不僅有助你更加了解孩子的想法、感覺、與做法，長期的做，也會幫助你看出孩子持續的模式。

第三部

建　　造

契合程度 | 9

就像許多人一般，我也是從小看"畢福爾作主"（"Leave It to Beaver"），"歐斯與哈瑞"（"Ozzie and Harriet"），"內行爸爸"（"Father Knows Best"），和"唐那瑞秀"（"The Donna Reed Show"）這類以家庭為題材的電視節目長大的，而且，至今仍然熱忱不減，唯一不滿的一點是：它們都大同小異，千篇一律。

我不是在附和媒體的評論。他們批評這類舊影集，專門描寫傳統的雙親家庭。其實我很樂見這樣的題材，所不滿的是，這些節目裡的父母子女的舉止都甚相似。用本書的字眼來說，他們都表現著同樣的行為模式。

試想節目中的主要人物，不論是克里福家、尼爾森家、安德生家、或是史東家中的雙親與孩子們，似乎個個都是穩重、有規律、誠懇、隨和、又善於與人相處的人，都是高度"S"型。而這些母親們也都帶有"C"型的色彩，我們可從那一塵不染、井井有條的廳堂察覺出來。

這些家庭裡的成員，就像鍋子裡的碗豆，來回穿梭於你我之間。每當陷入衝突，或是孩子遭遇麻煩時，這些為人父母的，總是處變不驚的周旋其間，尋求解決之道。而這一切都能在短短的三十分鐘節目時間裡收場。

現在我和凱倫做了父母，也發覺這些過了時的父母榜樣已經派不上用場了。不只因為凱倫不肯效法劇中的媽媽穿洋裝、戴珍珠項鍊煮飯，實在是我們家有本更難念的經。

回到現實生活裡，每個家庭都由不一樣的人組成的。讀到這裡，你可能已經發現自己與配偶各自屬於不同的行為模式，而且各自與孩子間又多少有些出入。每個人都有自己的好惡，以及不同的情緒與精力層面。有些人總是緊張兮兮的，另一些人卻隨遇而安。同樣一件事，每個人的看法與截取的重點也是見仁見智，不盡相同。

作家安卡希狄在家庭圈（Family Circle）雜誌中曾這麼說：真正的家庭好比一把雪花：每個人都與眾不同，有些又格外的特立突出。但這並不表示他們就無法和樂共處。其實，當家裡的每一個成員都彼此尊重對方的特點時，一個幸福快樂的家庭也就隨之誕生了。

我猜遠在十七世紀的約翰魏蒙爵士，就曾親身經歷家中各種行為模式間的激烈衝突，所以才會說："結婚前，我身懷六項教養孩子的理論；而今，我擁有六個孩子，卻毫無原則可循。"

這話是在描寫父母親還沒嘗到的滋味是甚麼呢，就是再也沒有比每天與孩子耗在一起更令人頭昏眼花、筋疲力盡的，尤其是和不投緣、或是猜不透的孩子在一起。

你們的契合情況如何？

至此，你已知道自己與孩子的行為模式，同時，也獲知應付這四種模式的孩子的良策。現在是就如何按照神的設計教養孩童這個主題，提出具體、實際作法的時候。

首先讓我們思想這個問題：你與孩子間的契合程度好嗎？司提拉齊思博士與亞力山大湯姆博士（Dr. Stellas Chessand & Dr. Alexander Thomas）已就此主題作過徹底完整的研究，在他們所合著，名為《認識你的孩子》（Know Your Child）這本書中，針對"契合的優良性"作了親子關係的探討。當家庭裡每一個成員都感受到良好的融合時，就可獲得這些優點。父母親若肯配合孩子們的脾氣、能力、性向來調整對他們的要求與期望，孩子就會感到與家庭契合。良好的契合可使孩子如虎添翼，並且有益於克服先天的不足與各種弱點。

另一方面，當父母對孩子一視同仁，又不願適當的調整領導風格時，"契合的不良性"也隨之而生。身處這種環境的孩子，通常會承受極大的壓力，使他們的發展受阻。

一個精力旺盛又愛冒險的父母，可能會反覆催促與過度要求文靜、被動、家居性強的孩子。而一個謹慎型的父母，也可能會不必要的限制活潑好動的孩子從事冒險犯難的行動。

"S"型的孩子若是來自崇尚完美的父母，可能無法從他們那兒得到肯定、溫情、與無條件的愛。而一個易於分心的"I"型孩子，在父母堅持要求長時間的專注與一鼓作氣的壓力下，也會衍生出許多問題來。一個喜好多樣變化的父母，則可能使原本需要時間適應變化的孩子，加倍感到惶恐不安。

不一樣的孩子，不一樣的契合

你的教養方式用在孩子身上所產生的契合效應如何？你若是至少有兩個孩子，可能早已發覺一個現象，就是與這個投緣，不見得與另一個合得來。這並非異常。

婷娜的大兒子名叫納杉，是一般人所稱的乖巧的孩子。自醫院回到家來的第一天開始，他們倆就一拍即合。婷娜對他的心情瞭若指掌，並且生活步調配合的很好。只要他一哭，婷娜就能判斷出是尿布濕了，餓了，或是身體疼痛，並且知道該如何解決。

但是老二蘿蘭降生後，就有天壤之別了。蘿蘭比納杉要跋扈許多，而且當她啼哭時，婷娜似乎也無法使她安靜下來。

蘿蘭在嬰兒期的時候很難安撫。到了學走路的時期，又比納杉更加的活潑好動。而今，她已進入青年期，依然堅持我行我素。婷娜一直無法理解，何以與蘿蘭的默契不像與納杉那麼好，直到她了解他們的行爲模式後，才恍然大悟。婷娜與納杉都在"S"型獲得高分，而蘿蘭卻是"D"型。無怪乎婷娜能很自然的意會納杉──因爲他們倆人相像！婷娜應當做的是，在與不同的孩子相處時，學習適當的調整自己與生俱來的行爲模式。當她如此做之後，現在已經懂得欣賞女兒剛強的個性，雖然那有時仍然會爲這寧靜的家庭掀起波濤。

在我們的家裡，我和凱倫一開始就注意到我倆有許多差異點，也因此很早就知道我們必須做些調適。

我們的大兒子契德是個高度"D"型，又參著濃厚的"I"型。他到學步期時還不能睡過夜。清晨五點，他就準備聞雞起舞了。隨時需要我們的注意力，並且不肯自己玩。

還記得當契德二十二個月大的時候，有一天晚上，我將他安置在床上，和他一起禱告後，走出房間，步向我的搖椅。但是還沒等到我拾起電視搖控器，契德就出現在我眼前。我將他帶回床上，並告誡他待在那兒，可是不到一分鐘，他又回來了。

這樣來來回回將近一個多小時，我已經火冒三丈了。最後，我跨出他的房門後，立刻閃躲到門邊，只要他一出房門，我就可以將他一把抓住。眞是個固執的小傢伙！

不過，我也下定決心，絕不投降。經過一番鏖戰後，我終於表明態度──看你明晚還敢不敢再搗蛋。

這種小孩就是詹姆士杜布森及其他許多家庭專家所稱的"任性"、"難纏"或是"固執"的孩子，甚至還有的人將他們貼上"弒母殺手"的標籤。

接著，克瑞絲降生了。她是個安靜、矜持、守規矩又相當獨立的孩子。有時候，我們幾乎以為她"搞丟了"。我們知道她沒有出門，所以就在屋內做地毯式的搜索，最後終於發現她躲在某個衣櫃裡面玩洋娃娃，或是將小模型玩具列隊遊行。等到她再大一些，會將房間維護的整齊無瑕，她自己有一套做事的方法——她自以為正確的方法。

當契德還是個嬰兒時，我會躺在沙發上，將他置於胸前，然後上下搖晃，直到他恬然入睡。等到克瑞絲小的時候，我對她重施故技，她卻扭動不停，一點也不喜歡。她情願被放在自己的小床裡，獨自入睡。

另一個女兒可麗又不一樣。她廣納各種特質於一身，雖能一個人自得其樂，卻也繼承了爸爸愛看電視的習慣，非常喜歡窩在我腿上看電視或讀書——只要和我在一起，不論做什麼都好。她充滿了愛與熱情，不過，有時候也很頑固。

由此看來，每個孩子都很特別，而且他們的差異也隨著不同的情境浮現出來。

一天晚上，我聽見一聲慘叫從廚房傳來，以為是可麗被刀切到指頭之類的事發生了，於是衝進廚房，赫然發現三個孩子正手舞足蹈的尖叫著："毒蜘蛛！毒蜘蛛！"原來只是一隻小蜘蛛在牆上爬，而孩子們正忙著圍剿它，錯將除臭劑往它身上噴。

本人是家裡的正牌除蟲師。通常由凱倫查獲，我來執行撲滅行動。我甚至還有一個呼叫器，保持二十四小時隨時待命。為了迎戰這隻蜘蛛，我脫了鞋，伸出手去，用力對它揮下致命的一擊，立時只見血肉模糊。

契德這個高度"D"型的兒子叫道："幹得好，爸爸！"

可麗（"S"型）說："它真的死了嗎？爹地。"

克瑞絲（"C"型）說："你不應該殺害神的創造物。你應該把它丟到外面去的。”

凱倫（“C／S”型）說：“看看你做的好事！簡直是一團糟！”

而我（“D／I”型）就對凱倫說：“啊，對啦，一團糟，這就是你的判決。”

治理家庭

凱倫與我終於明白，要讓我們的家庭經歷神所喜悅的和諧，我倆就必須在本能的教養方式上多所調整。彈性調整是減少家庭混亂與發展孩子健全自尊的要件。

詩篇一三三:1 說：“弟兄和睦同居，是何等的善！何等的美！”但是這樣的恩典不是從天上掉下來的，而是努力做到的。一個家人間個性迥異的家庭，即使盼望能和樂融洽的相處，若是不知為何彼此間時有紛爭的原由，終究是難以成就的。他們需要學習如何以不一樣的手法應對不一樣的人。

聖經教導我們要善加治理自己的家庭時，有一段有關教會領袖資格的描述，記載於提摩太前書三:4-5，其間清楚的表達出治理家庭的重要性：“好好管理自己的家，使兒女凡事端莊順服。”“人若不知道管理自己的家，焉能照管神的教會呢？”）這的確是一個好問題。

在工作的場合裡，一個好的經理人應當能判斷屬下的需要與動機，並且因人而異地調適自己的領導作風，以期使員工能發揮最大效益。有的人會需要不斷的被注意與鼓勵，有的人則渴慕充滿挑戰性的任務，與自由發揮的空間。

司提芬布朗在他的著作《經理人常犯的十三項致命錯誤以及避免之道》（13 Fatal Errors Managers Make, and How to Avoid Them）中將“一視同仁的管理方式”列為致命錯誤第五項。

"一個一視同仁的經理單採一種方法管理所有的人，這樣的經理人是在爲失望鋪路。"布朗如此寫道："他永遠也別想有成功的一天（而且還想不通爲什麼）。相反的，成功的經理人懂得摸清楚屬下個性上的重要差異，認清他們的優缺點，採取因人而異的管理策略。"

一個管理得當的家庭治理人，也應當運用相同的原理。了解每個家庭成果的行爲差異將有助你管理家庭。

調適你的教養模式

要你配合各個孩子的模式，來調適你的管教模式，似乎是不可能做到的事，畢竟那並非你自己"天生"的模式。重要的是你要明白我並非要你變成另外一個人，而且你是無法改變那根本、與生俱來的本性，但是，爲了滿足他人的所需，你可以自願的採取短暫性的行爲調整，來建立互惠的關係。

很多人所需要的只是去了解他人的行爲模式，之後，***當他們覺得需要做適當的調整時，就會盡量做到。***

還有一些人即使有能力調整自己，也不願意去做。或許因爲他們太過自私，以至不願委身發展雙方的關係。或許因爲他們太懶。無論是前者還是後者，這樣的關係都是步向孤立以及情感疏離的。

除此之外，還有的人雖然甘願調整自己，卻是辦不到。可能是他們過去的遭遇阻撓他們無法向家人表達愛意，或因他們在社交技巧上，缺乏情緒上的成熟度或訓練。不過，你若閱讀此書，相信你會願意試一試的。果眞如此，我願提供一些調整教養方式的建議：

1. ***認清你個人的觀念是如何地混淆、渲染、或糢糊了重要的人際問題。***大多數的人際問題衍生自觀念上的差異——兩個人以上，對同樣的情況抱持不同的觀點。

你對子女的觀感會受到你的需要、價值觀、自我意識、過往經驗、偏見以及喜好的影響，而且，一點沒錯，也受到你行為模式的影響。在某些情況下，這些個人觀感是有益的。假如你相信聖經所述人類自私的本性的話，那麼，當兩個小孩為了爭奪挑選電視節目的權利而各執一詞時，你就不免會受那信念的影響。

這些觀感也會對你造成阻礙。在某些情況中，你的行為模式會使你無法理解衝突的本質是什麼，而你的觀感又使你無法在不同的情況下做出適當的回應。它們左右了你對子女與其他人的期望。最常有的現象是，它們讓你無法了解為何別人會有那樣的行為舉動。

比爾天生的掌控型模式，使他在擔任美國西岸一家公司總裁的職務上游刃有餘，但是對他十歲大的兒子寇克卻不太管用。這個高度"I"型的孩子在人際互動上縱橫自如，對完成工作卻不那麼在行。

在家裡，比爾為寇克訂定了每天必須完成的事務清單。他用指揮辦公室員工的作風來指揮寇克。比爾將該做的事吩咐寇克後，就期待寇克能自動自發地完成，因為這就是比爾自己的行事風格。他本人就是喜歡老闆交待任務後就放手不管的人。

也因此每當比爾下班返家，發現寇克沒有做完工作時，就會氣極敗壞。他認為寇克缺乏責任感，而且不應該再和朋友們閒晃。但他並不明白，寇克需要與企盼的是與父親一同共事，並且為工作增添一些樂趣。

在寇克內心中"待處理"的清單中，與父親互動是一項極要件。有時候，他甚至會為了強迫父親伸出援手，而故意搗蛋或是操縱情勢，哪怕會因此而遭受處罰也在所不惜，因為那至少可以獲得父親的關注。

2. **學習從優點的角度，而非缺點的角度看待子女**。一般人本能的傾向卻是相反的，多半是從缺陷的角度觀察他人。當他人的觀點和行為與自己不同的時候，我們會很自然的以為自己的方法才是"對"的。

譬如，高度"I"型的父親也許認為他那高度"C"型的女兒想的太多、也看太多書了，卻不將她的思考能力視為一種長處，反倒覺得她分析過度、不食人間煙火。高度"C"型的母親喜歡將家裡維持在一絲不苟的完美狀態，很容易被高度"I"型的兒子惹得勃然大怒，只因他不在乎他"應當"注意的整潔。這類父母會發現自己對子女們批評個不停。

本書第十五章將進一步論及，許多結了婚的人也有同樣的毛病。他們專挑配偶不好的一面看，卻對他們的優點視而不見。這種夫妻將從文中獲益，發掘他們個性與行為模式的組合，並且明白互補長短，相得益彰的道理。

對父母亦然，成為孩子的學生也有要**你**向孩子學習的意思。你可曾想過，或許神賜給了你的孩子一些優點，為要幫助你與你的家庭。對許多父母來說（尤其是家裡有幼童的父母），這個想法簡直是難以置信，那是因為他們的眼光還不夠遠，看不見未來。

假設你是一位高度"S"型的母親，與六歲的"D"型兒子之間問題重重。他現在是既跋扈又好動，使你筋疲力竭。但是何不試著這樣想：假如你兒子現在十七歲了，而你與先生都雙雙被病毒感染，倒臥在床整整一個星期了，總得有人主理家務——像是煮飯、採購、安頓孩子們準時上下課等等。

剎那間，你會以異樣的眼光來看待這個兒子。這時候你需要他掌握型的作風，更需要他的精力。但是，如果你經年累月的責怪兒子的行為模式，他可能會因而喪失自信，或是在需要他援助時意興闌珊。

3. *按著孩子的需要，而非你自己的需要，來調整與孩子之間的相處之道*。要學習一些鼓勵與激發子女的方法，以及良好的溝通方式，千萬不要以爲應該按照自己的喜好來對待孩子。

本章前面曾提到高度"D"型的比爾並不了解他的"I"型兒子。比爾需要的是調整他的教養方式，在某些情況下，加添一些互動型的教養行爲。寇克需要學習單獨做自己的雜事，不過，比爾可能需要先花點時間陪他做，讓他體驗一下完成工作的滋味，這不但是比爾所重視的，同時也使寇克得到一些與父親同在的寶貴時間。

比爾也許害怕寇克想利用他。他需要做的是，決心將那恐懼拋在腦後，相信寇克並不想控制他的父親，他的作爲純粹是出自他天生的行爲模式。

克麗絲丁是一位高度"I"型的單親母親，非常喜歡參加社交活動。她的周末通常排滿了節目。她兒子馬克是高度"C"型，愛好獨處，往往需要時間適應新的變遷或是陌生人。一個禮拜一次的社交聚會，對他來說還算歡迎，但是她母親的緊湊行程，確實造成他很大的壓力。

克麗絲丁不明白爲何馬克不像她自己那麼喜歡與人往來，還認爲他有反社會的傾向。她說："他只想待在家裡，看看書，或與三兩好友在路上玩耍。如果他不肯跨越出去，投入人群的話，將來會是個既乏味、又沒有人生樂趣的孩子。"

過去幾年間，馬克患有嚴重的頭痛問題，但是克麗絲丁仍然覺察不出它們之間的關聯。她認爲解除他的壓力的最佳良方，就是多與人來往。無論如何，這一招對她自己相當有效。

所有的孩子都需要發展出信心，來適應陌生的環境與嶄新的社會經驗。克麗絲丁或許眞的需要給馬克加一把勁，促使他更加投入人群中，但是她需要先認清馬克的行爲模式，並且允許他按著自己的步調前進。對她自己也同樣困難的是，她也需要放慢腳步，並減少參加社交活動的次數。長久下來，馬克將會有能力迎向改變，雖然他直覺的情緒反應可能並不自在。

基督的榜樣

調整自己的模式來滿足他人需要的觀念，有主耶穌基督做我們的榜樣。在約翰福音第十一章裡，我們看見拉撒路死而復活的事蹟。當拉撒路還病著的時候，馬大與馬利亞捎信給耶穌，請祂快來，可是耶穌卻留在原處，並未立刻啟程。等到耶穌抵達伯大尼的時候，拉撒路已經死了。

當馬大這位可能是快步調、任務導向的女子一聽到耶穌來到時，她立即出去見祂。而慢步調、人際導向的馬利亞卻仍在房裡守候。

馬大開門見山的說：“主啊，祢若早在這裡，我的兄弟必不死。”在緊接的經文中，耶穌向她說理，並且以挑戰性的問題回應她。

隨後，馬大回到房裡，告訴馬利亞耶穌來了。馬利亞迎面就向耶穌提出與馬大同樣的問題：“主啊，祢若早在這裡，我的兄弟必不死。”

耶穌並未同樣地向她提出挑戰性的問題，反倒顯出極大的同情心。當祂見她哭泣時，經上說耶穌就“心裡悲歎，又甚憂愁。”他問：“你們將他安放在哪裡？”然後就一起朝墳墓走去。接著就出現了聖經中最短的句子：“耶穌哭了。”

兩個不同的人提出相同的問題，但耶穌卻給了不同的回答。馬大（高度“D”型）需要的是挑戰。馬利亞（高度“S”型）需要同情。耶穌如此調適自己的模式來滿足他人需要的榜樣，為屬神的教養方式奠定了根基。

家庭契合說明表

　　本章將以幾頁說明表作為結尾，用以幫助你學習如何調整自己的行為模式來滿足子女的需要。比方說，假如你是一位高度S型的父母，你可以從中發現與D型孩子和樂相處的方法。

　　你可以針對任何一種親子組合，找到三方面的資料：

　　優勢：當相同點與相異點能被了解、接納、與欣賞時，每一種親子組合都有某種程度的好處。

　　難處：每一種搭配組合自然也有它的矛盾之處，這些爭執主要是圍繞著步調、優先順序、觀點、決定、溝通以及變化處理方面的問題打轉。

　　策略：當每一種組合的搭配本質被了解之後，就可採取具體的步驟，迎向更好的親子融合關係。

　　在我的研討會中，曾看過無數的父母親們，在明白自己與子女間模式的相同與相異點時，立刻恍然大悟的發出"啊哈！"的讚嘆聲。當他們了解自己的親子組合優勢與難處時，就變得很樂意去調適自己的教養方式。"我現在終於覺悟為什麼我太太與十四歲的女兒經常爭鬧不休。原來他們倆都是"D"型。"一位父親言道："但更糟的是，我也是高度"D"型！"這簡直就是三巨頭爭霸戰！一位母親描述自己與她先生都是"緊張兮兮"的人，但她一直想不透她的兒子，她說："我到今天才明白為什麼無法推動我兒子，他並不是壞小孩；其實他是個好幫手，很討人喜歡，也從不惹麻煩，但我們就是沒辦法讓他自動自發的做事。"

　　閱讀後述分類說明時，請記得以下幾點：

　　1. 每一對親子的搭配組合都是獨特的。如果你是"I"型，你的孩子是"C"型，這些說明應該會有助於你，但並不一定完全符合你的情況。這份資料不是用來修補親子關係的神奇公式，卻能協助你了解自然存在於你們親子間的多面性，並提供一些良方供你試用。

2. 有些特殊的搭配組合，容易將你推向管教不當的教養模式。（例如：專制獨裁的、放任的、妥協的、完美主義的方式。）知道自己的毛病，會有助你保持有效的管教方式，及改變自己本能的模式，必要時還能結合其他管教方式的優點。

首先來查看符合你自己家人搭配組合的說明。若是你或孩子顯出多種主要的行為模式，也要記得查看其他的組合說明。查考時，也一面回想這些問題：所述的關係中，有哪些是對的？哪些是不對的？哪些問題需要立刻對付，採取行動？我們有甚麼相似的地方？又有哪些不同之處？甚麼時候我們一拍即合？甚麼時候會怒目相視？此外，我建議你要向孩子解釋每種行為模式的理論，並將你們倆的親子組合說明讀給孩子聽。想一些可以輕易看出優點與難處的例子和情況，讓孩子根據如何運用策略，提出可行的解決之道、看法、和建議。動員每個家人，使家人間融合的更好。現在就著手鑽研你的孩子，找出可以長期與孩子合作進行的方法。切記，這只是一些指導原則，不是命定的成規。雖然我們總喜歡套用好的公式，但生命卻不是那麼單純，尤其在親子間的角色上。因此，要選用適合的方法，捨去不適用的。只有你最清楚甚麼最適合自己和孩子。

指揮性強的 "D" 型父母對

堅毅性強的 "D" 型孩子

優勢：只要你們抱持共同的希望與方向，就能和諧相處，並能如團隊般成就許多事情。你們的共同目標、喜好、與得到成果的渴望，是非常實際且值得肯定的。

難處：掌控權的爭奪往往是你們磨擦與爭執的起源。因為雙方都好勝，所以都會不惜一切要在每一場戰役中得勝，任一方都不肯妥協或是投降。你會暗自盤算，我若退一尺，他就會進一丈，而且事實往往都應驗你猜的沒錯。但若雙方無法達成協議，你們的家庭生活可能就要變成戰場了。

策略：
- 不強迫，不威嚇，也不下最後通諜。
- 平衡的設立一道堅固的界限，容許孩子擁有他的自主領域。
- 盡可能讓孩子做選擇，例如："你想現在就去打掃房間，還是看完這個電視節目再去？"
- 別說教。
- 可能的話，給予直接簡潔的指令："莎拉，房間！"
- 與孩子討論你們之間最大的歧見。一同坐下來，訂定一些規則，並切實遵守。這能訓練孩子更有責任感，明白規矩。別和這種孩子鬥嘴，否則他就贏了，因為那證明他有辦法控制你的情緒和反應。

指揮性強的 "D" 型父母對

影響性強的 "I" 型孩子

優勢：你們倆都很有自信，並喜歡對生活採取快步調的態度。因爲你的孩子拼命想討好你，所以會遵從（或是至少表現出遵從的樣子）你的領導。

難處：這孩子 "順其自然" 的態度，極易打擊你達成目標與獲得成果的渴望。當你專注於完成工作的態度與孩子只顧玩樂和交友的態度交戰時，就會時有衝突。此外，這孩子亂無章法與半途而廢的傾向，也會惹動你的怒氣。

策略：
- 要認清一點，即使這孩子永遠沒有像你一樣的目標與重心，也不表示他就是個壞孩子。

- 營造工作的樂趣，和孩子一起做家事和課業。

- 想一些點子，將言語化爲行動。具體寫下你的期望，並使這些規則簡要、而且易於遵行。

- 孩子講長篇故事和神話時，要全神貫注的聽。那是一種值得鼓勵的本事——說不定他將來會靠說話爲業。

- 給予大量的讚美、溫情、與肯定。

- 認同孩子的感受與情緒，並且堅守事實。

- 你那處變不驚的優點，是孩子的最佳榜樣，因爲他最大的掙扎就是有向同儕壓力低頭的傾向。

指揮性強的 "D" 型父母對

溫和性強的 "S" 型孩子

優勢：你愛帶頭，他恰好喜歡跟從。在你穩定沒有偏差的行為下，孩子覺得與你同在很有安全感。

難處：你若表現過於強烈，會很容易使孩子受到驚嚇並且自責。此外，好苛責人的 "D" 型父母，經常會誤將慈愛隨和的 "S" 型孩子貼上 "軟弱" 的標籤。這很容易導致孩子產生自尊上的問題。

策略：
- 不要期望這孩子能自己悟出達成任務的方法。要清清楚楚、一步一步的顯明作法。因為他一心要討好你，所以想知道你希望這事情如何做。
- 謹慎你說話的方式。這種孩子對隨興、失控的負面批評與怒氣非常敏感，也極易受傷害。
- 不要迫使他加入激烈的競爭。
- 不要拿他與任何人作比較，這會使他退卻，甚至放棄嘗試。
- 心軟型的孩子有與父母保持親密的需要。若要給他歸屬感與接納感，就要刻意的花時間在孩子身上，並用親情包裹他。

指揮性強的 "D" 型父母對

嚴謹性強的 "C" 型孩子

優勢：因爲你們二者都重視工作，又喜歡獨來獨往，所以有些共通之處。以你的指揮，加上孩子對細節的注意力，你們的合作可以成就許多建樹。

難處：你有一頭栽進事務中的傾向，可是這孩子卻喜歡仔細思想透徹。你們雙方都重視成果，只是這孩子要事情做的對又好，而你要的是將事情迅速做完。步調上的差異是你們之間衝突的主要來源。此外，你愛掌控的傾向，也會打擊這孩子的士氣，因爲他不想承受壓力。

策略：●不要對這孩子不耐煩，也不要催他、或逼他。

　　　　●給他足夠的時間做決定。

　　　　●爲能使事情按照他的定義做 "對"，給他足夠的時間收集事實。

　　　　●給予批評要小心。雖然批評對你有激發的作用，孩子卻有可能將之深藏內心，嚴重的傷害他的自尊。無情的批評與侵犯的行爲會使他停滯不前。

　　　　●隨時準備回答這孩子 "爲甚麼" 之類的問題，並且耐心的報以深入的回答。

　　　　●接納並肯定他警覺的天性。不要期望他會像你一樣肯冒險。

　　　　●聆聽你的孩子，他做事的理由，通常都經過審愼的思考。

互動性強的 "I" 型父母對

堅持性強的 "D" 型孩子

優勢：互動性強的 "I" 型父母會爲這型孩子的優點感到欣慰，並誇耀孩子的成就，分享他的光榮。父母與孩子雙方都深具自信、生活顯得多彩多姿、並喜歡以贏家的姿態出現。這型父母，經常對孩子的成就所發出的讚美與鼓勵，對 "D" 型孩子有激勵的效果，因爲他渴望能受到讚賞。

難處：互動性強的 "I" 型父母希望受到子女的愛戴，並有變成過度放任的傾向。雖然 "D" 型孩子需要某種程度的自由與選擇，但絕對要有明確的定義，並且牢牢的守住界限，因爲互動性強 "I" 型父母只要稍不留意，"D" 型的孩子就會在家裡稱霸了。

策略：●清楚明確的定出規範與界限，並切實遵守。當規矩被破壞時，一定要按照先前決定的後果予以管教。

●切記：這孩子常會利用你言行不一、或是不照規定行事的機會，一心想在可趁之機稱勝。

●不要怕當面對質。反倒要期待它。

●糾正行爲時，要簡單扼要。這型孩子不想要，也不需要長篇大道理。只要投以簡明的指示，然後要求他聽從。

●這孩子會經常迫使你超越自己的舒適範圍，這可能會令你情緒上難以消受。

互動性強的"I"型父母對

影響性強的"I"型孩子

優勢：你們雙方對生活都抱持樂觀進取的態度，喜歡與人往來，也愛營造樂趣。總想引人注意，並樂於誇獎與讚美。事實上，你兩可以成為彼此欽慕的對象。犯錯時，你們都很寬容，也有易於饒恕的傾向。

難處：你們親子雙方都有情緒化的傾向，可能會爭著想成為注意力的焦點。同為高度"I"型的年輕女兒與母親之間存有妒嫉，亦非罕見。此外，因為你們雙方都有衝動的傾向，所以諸如履行責任與財務處理方面的問題，可能會成為主要的家庭爭端。

策略：●別忘了聽一聽這"I"型孩子所說的話。他也像你一樣愛說話。

●要了解你過度放任的傾向可能會使這孩子更沒有責任感，所以要學習截取指揮性強的與糾正性強的教養方式的優點，用來平衡你本來的教養方式。

●要曉得這孩子像你一樣不重細節。不妨寫下每個人的權責，或可將之變造成一種有趣的遊戲。

●設定規範與限制，並配合管教來貫徹實行。當孩子犯規時，不要通融。這不是件易事，但卻是要孩子成長為幹練又有責任感的大人所必須做的。

互動性強的"I"型父母對

溫和性強的"S"型孩子

優勢：互動性強的"I"型父母很欣賞溫和性強的"S"型孩子隨和、輕鬆的本性。互動性強"I"型的父母喜歡說；而溫和性強的"S"型孩子愛聆聽。他們通常相處的非常愉快。

難處：互動性強的"I"型父母與溫和性強的"S"型孩子間的矛盾，大多圍繞著步調的差異打轉。高度互動性強的"I"型父母喜歡快節奏、高潮迭起的生活形態，這卻正好是高度溫和性強的"S"型孩子試圖躲避的。互動性強的"I"型喜歡熱鬧喧騰；溫和性強的"S"型卻渴慕寧靜。互動性強的"I"型父母在隨興、多樣與多變的環境中更加振奮，而溫和性強的"S"型孩子對變化的適應較慢、喜歡墨守成規、也不喜歡驚奇與未經計畫的變動。

策略：●放慢你的步調，容許他以較緩慢的步調來回應。

●給他充分的時間作決定。

●降低你高亢的情緒，不要在別人面前為他的成就過度興奮，那會使他感到彆扭。應當在私底下，而非在公眾場合，給予他支持與鼓勵。

●向他表達讚賞時，要有誠意。

●接納他的羞澀，以及需要較長的時間才能與陌生的人與事熟絡的現象。

●盡可能針對事物發生的變化、與如何的變化提出預先的警訊。

●多向他發問，並仔細聽取他的回答。

●請求他支援你做事。柔和型的孩子喜歡感到他的貢獻是被看重與需要的。

互動性強的 "I" 型父母對

嚴謹性強的 "C" 型孩子

優勢：因為你們可以截長補短，所以能從彼此身上學習許多。這孩子可學到凡事不要太過嚴肅，並要多尋找樂趣。而這孩子也能助你以分析的方式考量事物。

難處：你們的不同點會導致頻繁的誤會。你雖喜歡交談，但你的孩子需要有獨處的時候。再者，因為你是如此的能言善道，可能會錯過孩子間接表達想法的方式。

策略：
- 多聽才能更加了解。要警覺孩子言談間的蛛絲馬跡。他的措辭簡練，卻字字富有含意。
- 適度的降低你的情緒反應與熱忱。在爭執中，要更實際與客觀一些。
- 要明白這孩子對完美的追求，就猶如你對情趣的需要，有一樣深切的感受。他就是無法放鬆自己，對錯誤置之一笑。
- 當他的作品未能達到自己的標準時，充分的給他獨處的時間去哀慟一番。
- 不要催逼他。賦予他足夠的時間做高品質的作品。
- 讚賞他的作品時要誠懇。用具體的字眼來描述他做的佳美之處，避免只說："做得好！""好極了！"或是"你做的太棒了！"
- 要記得，作品受到批評是他最大的恐懼，所以要以溫和的口吻提出糾正。別期望他冒險犯難，並接納他小心謹慎的天性。

扶助性強的 "S" 型父母對

堅決性強的 "D" 型孩子

優勢：你有能力鼓勵孩子，幫助他順利達成目標與發揮領導力

難處：因為這孩子總是想掌控與立刻行動，所以極易使你這種喜歡平靜安穩的父母筋疲力盡。此種組合最大的問題衍生於管教。你有過度慈悲的傾向，總想避免衝突，而他也心裡有數，於是就可輕易利用你的弱點。而你不惜一切尋求和諧的作法，長期下來，可能會造就出一個無法管束的孩子。

策略：● 這孩子需要在某些領域中擁有掌控權，但千萬別讓你自己落在其中。當他不需要你參與某些活動時也不要心碎，因為他本來就喜歡獨自行事，別往自己身上挑毛病。

● 立場要堅定。要求自己站穩一個立場，並且義正詞嚴，樹立你的權威。

● 要果斷並信守決定。因為你一定會受到他的測試，所以不輕易動搖是非常重要的。

● 此外，雖然要你多加掌控不是件易事，但那卻是必要的。

● 不要因著孩子與自己大不相同而感到挫敗。他就是如此受造的。

扶助性強的"S"型父母對

影響性強的"I"型孩子

優勢：你們倆有相處愉快的潛力。你好享樂，他正好能提供娛樂。彼此也都能給予對方激發自信所需的讚賞。

難處：要趕上這孩子的腳步，對你是一項挑戰。他喜歡變化，就如龍捲風一般橫掃於五花八門的活動之間。你卻安於寧靜祥和與例行工作之中。

策略：●對這孩子務要態度堅定，明確設定界限。他的辯才與快速說話的能力，會令你無言以對，渾然不知爲甚麼會允許他做某些事情。

●不要過度爲他代勞。他有不愛做事的傾向，只要一不注意，就會將事情推給你做。這會使孩子衍生出不負責任的性情；他將終其一生以爲總會有人來照顧他，於是就順水推舟，自得其樂。

●當他在課業上不負責任或是不守時時，不要輕易放過他。要讓他嘗到混亂與健忘的合理後果。

●教他一步一步的寫下事情的作法，來幫助他更有條理。也可使用"待處理事項"清單。不過，這孩子若經常弄丟單子，也沒甚麼好希奇的。

扶助性強的 "S" 型父母對

溫和性強的 "S" 型孩子

優勢：你們有許多相同之處，並喜歡彼此為伴。輕鬆、寧靜與和諧的家庭氣氛是你們所愛慕與營造的方向。你們會互相幫助，也喜歡享受"無所事事"的時光——例如花一個下午看電視、到購物中心閒逛、或是乘船釣魚——把時間與電話拋到九霄雲外。

難處：最大的問題來自溝通。你們有話不直說——雙方都提出暗示，卻都不肯做決定。而且，沒有一方願意做任何會導致變化的事情。你若配合度太高，可能會使這孩子過於依賴，長大後缺乏獨立思考與行事的能力。此外，因為你們都不想使對方難過，所以常把苦水往肚子裡吞。久經時日，不情願所產生的惱人爭執，可能會演變成問題。

策略：● 鼓勵孩子自己做事，來平衡你替他做事的情況。

● 你要更加主動、果決。

● 要了解有些衝突與改變是健康的。生活是日新月異的，切勿脫離現實，把孩子保護在象牙塔裡。

● 誘導孩子表達內心的感受，並誠實的分享你的心情。千萬不要以為隱藏苦毒，問題就會隨之解決。

扶助性強的 "S" 型父母對

嚴謹性強的 "C" 型孩子

優勢：你們倆都有慢步調的傾向，會給對方 "單獨的時間"，還能享受同在卻不多言的相處。不給彼此壓力，也盡量避免爭執。

難處：這孩子吹毛求疵的本性很容易使父母傷心，你卻有將之深藏內心，不輕易吐露的傾向。這孩子深沉、直覺、重邏輯的生活態度，有時會與你偏重感覺的性情擦槍走火。除此之外，當你本能的致力於拉近彼此距離的時候，可能也會在意這孩子冷漠、計較的態度。

策略：●要知道這孩子重視隱私。當衝突存在時，給他單獨思考的時間，稍後再談問題。

　　●壓力過後，他會需要單獨的時間來重新恢復，不要誤以為他是拒人於千里之外。

　　●不要勉強他與你親近，並愼選談心的時間。當你覺察這孩子有退縮與封閉自己的行爲時，要說出你的感受，並認眞的傾聽，以期能了解情況。

　　●隨時準備耐心地給他富有內涵的解說。

　　●在他未能達成自己的高標準時，給他充分的時間宣洩悲憤。

　　●給他誠懇、描述性的讚美，並且激賞他的成果。

　　●不要對他吹毛求疵的傾向大作文章，倒要溫和的引導他接受自己與他人的缺點。

糾正性強的 "C" 型父母對

堅決性強的 "D" 型孩子

優勢：親子雙方都看重工作的達成，只要彼此抱持這種相同的目標，就能相輔相成，做事有效果。

難處：親子目標不一致時，糾正性強的 "C" 型父母會感到絕望。 "C" 型的人要求事情要按照**自己**的標準做得 "正確"，然而 "D" 型對 "正確" 的定義並不像 "C" 型那麼複雜。 "D" 型的孩子只想照著自己的方法把事情做完了事。他有速戰速決的傾向，也因此會忽略一些 "C" 型父母所重視的細節。

策略：
- 交給孩子一些責任，同時避免自己爲要更好而急於插手。他需要主控一些事物。
- 慷慨地肯定這孩子的目標與成就。不過，恐怕你做起來會有些不自然，因爲你凡事總有辦法挑出一些可以做得更好的地方。
- 冒險犯難對這孩子是極其重要的一環。接受這事實，並按著智慧與安全的準則設定限制。
- 要接受與 "D" 型孩子共同生活將會是變化萬千、充滿挑戰的事實。
- 要知道這孩子需要體能方面的活動。
- 不要試圖與他辯解，你的道理恐怕是難以說服他的。
- 最要緊的是，不要要求完美。提醒自己不要好高鶩遠，使孩子感到永遠也無法達成。甚至於 "D" 型的孩子也會因難忍達不到標準所要承受喋喋不休的批評而放棄努力。
糾正性強的"C"型父母對

影響性強的"I"型孩子

優勢：你對細節與事物準確性的熱衷，正是這孩子所需要的，有助他在生活中更加平衡、成功。又因為你比較嚴肅，這孩子會成為你清新、喜樂的泉源。

難處：因為你們的步調與優先順序正好落在相反的兩個極端，你可能難以了解何以這孩子對玩樂會有如此強烈的需求。又因你的高標準，這孩子可能得不到他所需要的讚美與認同。

策略：● 你必須為孩子適切的修正自己的期望。要了解到他是永遠也不會像你一樣地注意細節的。

● 這孩子渴望被接納與肯定，所以找出他的優點，一有機會就稱讚他。

● 享受這孩子獨特的本性，那怕他的長處與你的大不相同。

● 放下你手中的工作，多花些時間把焦點投向孩子。

● 聚精會神的聽他說故事，在你認真的聆聽中說話，會使他精神抖擻。

● 最重要的是，不要強求完美。不要訂定過高的標準使孩子感到永遠也無法達到。

糾正性強的 "C" 型父母對

溫和性強的 "S" 型孩子

優勢：父母與孩子都行事徐緩。享受較爲含蓄、低調的關係。這類父母很欣賞孩子乖巧隨和與使人愉快的性情，那並能避免喧擾的爭執。

難處：你可能會受不了這孩子不像你一樣考慮透徹，或一樣的看重細節。還會擔心爲何無法激勵孩子力爭上游，朝著你所遵循的至高標準邁進。

策略：●要小心自己注重事務與準確性的傾向。藉由對孩子的感覺與生活情況的了解，使你們的互動關係更加平衡。

●更進一步的敞開自己，對孩子分享你的感受，也誘導他跨出來。

●有時候要容許孩子有無所事事的時間。這是他給自己充電的方法。

●記得將你所期望的做法解說清楚。不要以爲他能自己想出所有細節來。

●就他所付出的任何努力，表達你眞誠的謝意，哪怕離你的標準還有段差距。

●留意你的批評。即使你無意，聽起來也可能是尖銳的。

●總之，不要訂定高不可及的標準，使孩子感到永遠也達不到。這孩子會覺得自己不好、又沒有價值，最後只好放棄。

糾正性強的 "C" 型父母對

嚴謹性強的 "C" 型孩子

優勢：這是發展神童的天然組合。你們喜歡一起埋頭苦幹，對工作投入完全的注意力。你們都有嚴肅的習慣。雙方也都追求品質、美善與正確的行事法則。

難處：問題總是出自你們對"正確"的定義意見不和。雙方會立時迴避、退縮，籌算下一步棋。並且雙方也都有冷戰的傾向。

策略：●當孩子提出不同做法的建議時，要試著接納。也要願意在你的標準上變通，以互相可以接受的方法完成工作。

　　　●糾正孩子時要小心，因為你自己也很清楚，針對你的工作所受的批評是你最大的恐懼之一。

　　　●孩子批評你時，不要反應過度。

　　　●多多表現你的情感與情緒。正如你一般，這孩子需要感到被愛與被重視，而他的本性也不見得是熱情的。

　　　●最重要的是，不要把你的標準訂的太高，使孩子感到永遠也達不到。

10 "魔鏡，魔鏡…"

蘇珊只要一步入宴會，就會立時成為眾所矚目的焦點。她不但貌美、活潑，而且會語驚四座地談論駭人聽聞的醜聞。真的，每個人都想結識她。對於一個活在三〇與四〇年代所謂的"黃金歲月"、又居住在好萊塢的人來說，這真是令人迷醉的經歷。

據蘇珊記憶所及，她的生活一直闖蕩於演藝事業之中。她的母親經年在雜耍劇裡跳舞，還有幾位表兄妹們也在電影院與攝影棚工作。

蘇珊與母親相處的並不融洽，或許因為她從未原諒媽媽在自己年僅九歲時，為了與新任丈夫巡迴國內演出，不惜將她棄置於孤兒院裡。雖然四年後媽媽將她領回，但是在蘇珊青少年時期，她們常有激烈的爭執。

後來，蘇珊成了歌舞劇女郎，曾在幾部電影中演出。接著又在一間頗受歡迎，常有製作人與導播光顧的夜總會裡擔任舞蹈領班。她就是在這兒初次見識到好萊塢黑暗的一面。原來這家夜總會的老闆與黑手黨關係密切。

那幾年真是叫人膽戰心驚。當蘇珊拒絕與那些惡棍約會交往時，竟然遭到恐嚇。有一些她所認識的女孩與他們出遊後就失蹤了。

最後，蘇珊終於找到可以一展她才華與雄心的方向。她作了導演助理。仗著她的才智與堅強的個性，她的表現相當出色。於是導演們開始尋求她的服務，她也隨之學了一身電影事業的絕活兒。

蘇珊的最高理想是要成為一個賺大錢的製作人。當今在好萊塢，像她這樣的女性，收入可達數百萬美元。但是在四〇年代間，沒有人把她當一回事。她在同輩、同業、與男性間四面受敵，她的事業也開始走樣了。對一個滿懷理想抱負的人來說，這眞是一劑苦藥。

等到蘇珊三十九歲的時候，生命有了另一個新的契機。她嫁給一個攝影棚裡的木匠。不久就生了一個女兒，名叫凱西。

蘇珊定意不讓女兒受到自己曾經歷過的痛苦與失敗。不能讓這孩子踏入演藝圈。她長大後，要為人妻、為人母。蘇珊想要成為女兒效法的榜樣。

問題是蘇珊自己卻沒有可以效法的榜樣。雖然她愛孩子，卻不知該從何做起。於是在她為自己與孩子開創新生活的同時，幾乎把自己與孩子都摧毀了。

隨著凱西的成長，蘇珊體會出她倆在各方面都很相像。凱西繼承了母親精明、強勁的個性，以及善於交際的能力。只不過，當別的父母一心想在孩子身上塑造自己的風範時，蘇珊卻不能接納女兒與自己神似的行徑。

凱西熱愛舞蹈。當她還是個孩子的時候，就懂得把客廳的家具挪開後，一面放著百老匯的歌舞劇唱片，一面隨著歌曲曼妙生姿。她花了好多年央求母親讓她上舞蹈課，但都被斷然拒絕。蘇珊鐵了心，就是不讓女兒成為舞者，其他像女童子軍和教堂裡的活動倒是允許的。

為避免凱西經歷挫敗之苦，蘇珊阻止她嘗試任何新的或是冒險性的事物。當凱西進入青少年期後，她立志要做電影裡的特技人員。蘇珊聞訊後，即刻就邀了一位在攝影棚工作的特技女性到家裡來，與凱西耗了兩個小時，爭論這個"蠢念頭"。凱西如此憶道："只要我想嘗試甚麼，她總是說「那比登天還難。」她不願讓我受到她曾吃過的苦頭。"

年復一年，只要女兒的行為有任何蛛絲馬跡是不符合蘇珊理想中的角色時，她總是採取壓制的手法，並且貶低女兒的才智，稱呼她"呆頭鵝"。她想使凱西以為自己不夠精明，沒有養活自己的能力，所以非常需要有個先生來倚靠扶持。

"她想讓我活的穩當，"凱西說。"而她所採取的方法之一，就是摧毀我的自尊。每當我有自主或採取主動的傾向時，都會遭到打壓。"

她倆間的關係從一開始就很緊張，等到凱西進入青少年期時，更演變成白熱化的戰事。"我會回到自己房裡，挖空心思，想些最卑劣的話來對她說，而她也是如法炮製。"

多年來的傷痛與挫折感糾纏著蘇珊，於是她開始沉溺於酒精和鎮定劑裡。而凱西在十九歲時就嫁給一位空軍官校畢業的軍人。蘇珊大肆鋪張的舉辦了那場婚禮。她的夢想終於實現了。

不到兩年，凱西就與丈夫分居了。蘇珊則在醫院中瀕臨死亡。凱西至今仍記憶猶新，當她探望母親時，蘇珊已因用藥過量而失明，只能靠嘴形表達言語。

那天，她摸著凱西的手，動著嘴表示："你不回先生那兒了嗎？""不了，媽。""他知道嗎？""他知道。"

然後蘇珊拍了拍女兒的手說："不要緊的，寶貝。我以前也出走過兩三次。"

這是凱西記憶中，母親曾給過她僅有的幾次肯定與接納之一。諷刺的是，這肯定是在凱西親嚐母親長久以來不讓她受的苦後才獲得的。沒多久蘇珊就過世了，享年五十九歲。

凱西自認是與母親一個模子刻出來的。但卻花了她多年的時間，使自己從被踐躪的自尊中復甦起來。她從沒做過自己，也未曾得到按著天賜的個性舉止行動的自由。

　　而今，再婚的凱西有了兩個孩子。幾年前她去拜訪母親的一位摯友康妮，並拿出蘇珊孫子們的相片給她看。凱西臨走時，康妮哭了起來。"太美好了！"她說。"你把孩子帶的眞好。你實現了母親對你的期望。"

　　接下去的幾個小時裡，那幾句話不停的繚繞在凱西心裡。"那話令我打起寒顫，"她回想著說。"使我震驚的是，事實上，我可能至今還在討母親的歡心。"

鏡中影

　　孩子照鏡子時，能看出甚麼呢？我指的不是牆上的鏡子，而是你的眼目。

　　也許你還不自知你就是一面鏡子。

　　有一天早晨，我翻遍抽屜，爲要找面鏡子仔細瞧瞧那些神經兮兮的人說我後腦勺就快要禿了的部位。最後終於在一堆髮捲、梳子和髮夾中尋獲。將它舉起的那一瞬間，我愣住了。因爲當時是用放大鏡的那一面，所以比實體大的臉赫然矗立在眼前。

　　藉由鏡子放大的這一面，可以比平常那一面看出更多的缺陷與皺紋（我還是比較喜歡平常的一面）。它也把我正常的五官變的扭曲、又惹人厭。幸好，這面凸透鏡也尋不出禿頭的痕跡，所以我仍然自信那並不存在。

　　爲人父母的往往會成爲這種鏡子──一種會誇示缺陷，化美麗爲醜陋的鏡子。蘇珊就是這樣顯示給凱西看的，而凱西也就因著所見的，相信自己就是那副德性。

　　在凱瑟玲寇絲所著《敏感的管教藝術》(The Art of Sensitive Parenting) 一書中如此寫道："孩子降臨世界時，並不知道自己是誰。透過周遭的人，他們才漸漸懂得自己是誰。"你就是一面孩子每天要照的鏡子，而且你也反映出她自以爲將會成爲的樣式。這些映照就像許許多多的相片，被貼在一本想像中的相簿裡，爲她的身分奠定了根基。

你的孩子原本是無法直接看清自己的；而是經由生活中重要人物的眼目來看自己。一個人的自我形象通常不是根據她的身分，而是根據她所認爲的自己。而作孩子的往往認爲自己就是父母所認定的樣子。

身爲父母，你可以選擇映照出接納或是拒絕，贊同或是否定。更深一層，你的孩子是否能感到被需要與有價值，也取決於她在你這面鏡子裡看見些甚麼。

錯誤的鏡子

經過你對孩子獨特設計的鑽研後，想必得知許多她在那類行爲模式中所具有的優點。知道了又該做些甚麼呢？

我很驚訝有很多父母雖然知道他們的孩子能有好的表現，但卻總是緊盯著她們的失敗與弱點。有時候是因爲父母不知道有甚麼更好的方法，有時候則是因爲已對這壞毛病習以爲常了。

另一個問題是，有些父母相信過多的讚美會把孩子寵壞，變得柔弱。這想法就像其他的錯誤觀念一般，似乎略帶一絲眞理。作父母的應該負起糾正孩子錯誤的責任。如果孩子承受過量的誇讚——譬如聽見父母對她說她永遠是好的、永遠是對的、行爲從來沒有偏差——她長大後就有可能會是驕寵、自私、與不正常的。她可能無法了解自己的罪性與作惡的性情。

可惜的是，有些基督徒父母卻偏向了另一個極端：當他們致力協助孩子解決軟弱、不順從、與罪的問題時，卻很少去肯定孩子，以致失去了平衡。孩子只看見自己壞的一面被顯明出來，從不見好的一面。於是她背負著卑劣的自我形象長大，深信自己註定是要失敗的。

"我跟不上他"

小禮是個精力充沛的堅毅性強的 "D" 型孩子。他只跑不走，每經過一扇門，總要跳上去摸一下門楣。他就像一顆流星，在早晨的天空閃耀，直到就寢後的數小時都無法將精力燃盡。他的父母親卻比較輕鬆含蓄。小禮的媽媽是高度扶助性的 "S" 型，爸爸是高度糾正性的 "C" 型。

這孩子在他們眼裡似乎一無是處。他好像無時不被爸媽責罵太會亂跑、或是說話太吵。

小禮真希望能多討爸媽的歡心，又暗自覺得爸媽一定希望有另一個兒子來取代自己。雖然他們未曾如此說過，但他卻是那樣詮釋父母對他的行為所作出的反應。不過，有好幾次他不經意的聽到媽媽告訴她的朋友："真不知該拿這孩子如何是好。他動個不停，我就是跟不上他，被他搞的筋疲力盡。"

因為自知與父母大不相同，所以他暗暗的相信自己有問題。然而他的內在設計並不允許他消極的面對，於是就將挫折感發洩在其他孩子的身上。到了一年級的時候，他在遊樂場上變的橫行霸道，樣樣都得聽他的，也因此沒有人喜歡和他一起玩。

老師見到小禮的父母親時表示，他與其他孩子玩的方式過於粗暴，而且頑強又不肯遵行指示。"你兒子腦子裡若有了甚麼主意，那就拿他沒辦法了。他不但我行我素，而且任何理由一概不聽。"

當晚，他的父母訓斥他，若是行為不改，就要遭受處罰。這種做法只會使小禮加倍感到自己毫無價值，致使他在學校的行為每下愈況。

等小禮進入青少年期時,他學會將他的侵略性與挫折感轉移到足球運動上,搖身一變,成了明星球員;熱愛將人擊倒。到了高中時,他受到大學男童軍團的青睞,並得到一所頂尖學府的獎學金。

雖然小禮很高興爸媽來看他的球賽,但還是覺得很難取悅父母。他爸爸總愛查問他的成績,希望他多讀點書。

小禮雖然在這項領域中嚐到成功的滋味,但是終將在前途中面對另一個攔阻。他的運動生涯畢竟是有盡頭的,不論是因為受傷、畢業、或是年紀的緣故。當那日來臨時,擁戴聲也將止息,他又要回到記憶中的舊影像裡,也就是父母眼光中的形象。同時,那些耳熟能詳的聲音也會跟著回來,告訴他自己是個沒有價值的人。

對小禮與成千上萬像他一樣的人來說,悲哀的是他們認為他們"真實的"自我是有問題的。因著父母親的期望與壓力,藏在裡面的自我未能獲得任何發揮的機會。他覺得真正的自我是不被愛、也不被接納的。再加上父母不珍惜他的優點,更將他逼進他那類行為模式中的黑暗面。早期,他會試圖成為他們所要求的樣式。但那是不可能達成的,因為當他試著扼殺真實的自己時,行為中的缺點就跟著顯露出來,產生更多對他人的敵意與自己的焦躁。

幸好有些像小禮這樣的孩子,有能力摘下面具,但對其他孩子而言,這場真實的自我與"捏造"出來的自我之間的摔角戰,恐怕是要持續一生之久了。

父母言語的力量

我們的監獄、法院、與醫院,每天都在與那些飽受扭曲鏡子之苦的人打交道。我曾聽過一位棒球名將對一群獄囚談話，他將父親引用在他每天放學後練習投球的故事裡。當他投出一記壞球，高飛越過爸爸腦袋時，他父親會說："兒子，總有一天你會在名隊中擔任投手。"

又有一回，他狂亂的擲出一球，窗玻璃應聲而破。他父親又說："兒啊，這麼有力的胳臂，遲早會進知名的隊伍的。"這位投手告訴囚犯們說："能有今天的我，完全要歸功於我的父親，因為他深信我將會出類拔萃的。"

話後，一位獄囚前來為他的分享致謝，他說："我爸爸的作法和你爸爸一樣，不過他總是對我說："兒子，總有一天你會淪落到監獄裡。"我想我是實現了他的期望。"

父母親的否定行為，通常會導致長期性情緒與心理上的問題。事實上，歷史中比比皆是這樣的殷鑑，記載著這種人對人類所曾鑄下的殘酷衝擊。

但那也可能帶來積極正面的影響。由艾德菲柏與依蓮馬利所著的《如何說話使孩子肯聽與如何聆聽使孩子肯說》（How to Talk So Kids Will Listen and Listen So Kids Will Talk）這本書中，收錄了下面這則發生在研習會後的故事。

　　這一天，當有關角色的課程接近尾聲時，一位為父的帶領我們重回往事。他說："記得在我小時候，總會告訴爸爸我腦子裡許多異想天開的奇想。他卻總是認真的聽，然後說："兒子，你的頭腦也許像是在十里雲霧中，但你的雙腳卻是腳踏實地的。"而今，他留給我的那幅畫面——好像一個作白日夢的人，同時卻又懂得面對現實——的確曾經助我度過一些艱難的時刻。不知在座是否也有同樣的經驗。"

　　於是在鴉雀無聲的沉思中，每個人都探入往昔，尋求生命中曾經鑄下的信息。漸漸的，大家不約而同的說出他

們的記憶：“小時候，我祖母總是說我有雙巧手。每次為
她穿針線或是解開死結時，她就會說我有“金手指”。我
想這應該是我決定做牙醫的原因之一。”

　　“在我執教生涯的頭一年是戰兢不已的，只要學校主
任順道察看上課情形，我就會渾身顫抖。過後，主任會向
我提出一兩項值得注意的地方，但他總會接著說：“我從不
擔心你，艾蘭。基本上你是個會自我糾正改進的人。”不
知他是否知道，那些話對我是何等的鼓舞。我每天都記取
著那些話，因此對自己更有信心。”

　　在場每個人幾乎都分享了他們的記憶。會程接近尾聲
的時候，我們都靜默不語的彼此默視著。那位啟發眾人回
想的父親搖著頭驚歎道：“千萬不要低估你的話語在年輕人
的生命中所能發揮的力量。”他的話也代表了我們眾人的
心聲。

　　你向孩子反映出甚麼？你對她的談吐與管教間，會讓她從
你的眼神中看出些甚麼？你的鏡子不僅會影響她的自尊，也會
左右她的行為舉止。若能向孩子反映正面的形象，將會對未來
的她造成深遠的影響。

　　在緊接著的三章中，我將提出幾個具體的做法，用來反映
孩子的正面形象。相信在這些教養原理中，有一些是你前所未
見的實際方法。

反映孩子的優點與弱點 11

布朗森艾卡並不是個頂會養家的父親，他是個思想家兼夢想家。不過他卻懂得進入女兒們的心田，使她們感到自己超凡絕俗。

　　我最近發現一封精彩絕倫的信，是他寫給女兒愛芭、露藝莎、與依麗莎的。這封信寫於一八四二年，早在電話取代信件的年代之前。當時寫信仍然是向遠方傳遞訊息的主要管道。我將這信稍作了修飾，以期達到通順易讀的效果。閱讀的同時，請格外注意這位父親肯定孩子的方式：

　　親愛的女兒們：

　　　　我每天都思念著妳們，真想再看看妳們：愛芭那柔美溫馨的雙眼，優雅流轉、金光閃爍的甜美眼神，與美麗神秘的身影。

　　露藝莎機靈樂意的服事、活潑敏捷的身手與豪放無羈的好奇心，以及她那深入剖析的思維與感動落淚的心腸，會為一切帶有生息之物雀躍。

　　依麗莎喜愛安靜的個性與莊重的思想，她那滿有喜樂的溫柔與豐富的感情…還有妳們的母親，她永不歇息的愛與吃苦耐勞的雙手帶給妳們舒適與歡樂。當我不在妳們身邊的時候，她不但是你們的希望，也顯得更加重要，而且緊緊的與妳們相連。

　　這的確是一位真正懂得如何鼓勵女兒的父親。他不只讚美他的女兒們，而且是用描寫的語句繪畫出她們的優點。

"愛芭有雙柔美溫馨的眼睛，與優雅甜美的眼神..."

我猜這些女兒中，至少有一個繼承了父親的想像力，因為幾年之後，露藝莎美艾卡以自己的家庭為藍本，寫成了《小婦人》這本暢銷巨著。

描寫式讚美的價值

我要在你的字典中加入"描寫式的讚美"這個字眼。這正是布朗森艾卡在信中所使用的技巧，也是我在教導自己的孩子時，所發現的一種非常有效的工具，用以顯明孩子的優點。這也是想要成為一面好鏡子的父母所能採取的第一步實際作法。

描寫式的讚美是一種特殊的讚美方式。要記得鏡子的功能在於反映影像的原樣。那就是描寫式的讚美所要做的。它適切的反映出孩子的行為，使他感到被愛又有能力，而且也教導孩子為自己的作為感到自信。

使用描寫式的讚美時，你會更加專注在**他這個人與他的行為特性**上，而不在於他的**作為**。如果一個孩子長久受到的讚賞是針對他的作為，他長大後就會按照自己的表現、與自我期許的達成率，來衡量自己的價值。凱文李曼在他所著的《不加拆毀的建造》（ Bringing Up Kids Without Tearing Them Down ）一書中稱："許多人，不論老少，都有一個相同的信念，就是"除非我好好表現、順利完成、除非我做別人喜歡的事，否則我就不會被愛或被肯定，我會變成一個沒用的人。"

比方說，你看見孩子主動打掃家裡的每一間廁所，不要單單說："做得好！"，改用描寫式的讚美："阿丹，我知道你沒等別人要求，自己就把所有廁所打掃乾淨了，我和你媽媽都好感激你，讓我們少做許多事，也很欣慰你有自動自發的精神。"

描寫式讚美之三步曲

開始使用描寫式讚美來鼓勵孩子時，可採以下三個步驟：

1. *描寫你所見的*。"妮寇，我注意到妳很認真的保持房間的整潔。"
2. *可能的話，描寫你的感受*。"一踏進這房間就感到心曠神怡。"
3. *用三言兩語來摘要他的優點*。"這就是我所謂的有責任感。"

第一步驟有助孩子看見自己的所做所為。像是房間整齊有序；不需爸媽催促就寫完功課；或是孩子為你畫的一張美麗圖畫。

第二步則有助孩子明白他的作為能使別人受益，並使他人感到愉快。"我真高興你把房間清理的那麼好。""你不需要提醒就能把功課做完，真幫了我一個大忙，太謝謝你了！""當我知道你專程畫這幅畫給我時，讓我感到溫暖在心頭！"

再者，為孩子的行為選定一個描寫的定義，更能加強行為的實踐。這做法的用意，是為了顯明給孩子看一些他看不見的自己，也就是用話語為他照張相片。

持續運用描寫的讚美，是依內在設計來教養孩子的最佳實際作法。它能讓孩子看見自己的長處，而且很有建設性的讓他了解如何發揮這些長處。例如：

"丹尼爾，我今天注意到，當別的孩子譏笑約瑟的時候，你卻為他挺身而出。我相信他會因此把你當成他的好朋友。要在那麼多人面前站出來說話，實在需要很大的勇氣。"（或是，"你真是個忠實的朋友。"）

"柯妮，我覺得妳非常重視做事的正確性，而且在自然學

科的實驗上相當賣力，每個細節都處理的很妥當。我看妳已做
到**盡善盡美**了。"

"凱兒，我看得出你是個決定明快的人，又愛別人照你的
意思做事。你這種個性可以幫助我們分配家事，早一點把家事
做完。這就叫做**果斷**。"

"傑生，我看到你把鉛筆、彩色筆、和蠟筆都分類放在不
同的盒子裡。謝謝你的幫忙！你真是個很有條理的孩子。"

如何使用描寫式的讚美詞

描寫式的讚美能夠成為孩子一生中鼓勵的源頭。你若真有
意反映出孩子的正面優點，以下有五點建議：

首先，用 "一句話" 和 "一分鐘讚美" 來肯定孩子。從早
到晚，我都在找機會對孩子描述他行為上的優點，然後簡單扼
要的下一句評語，比方說："你真是精力過人！"或是"你總
是盡心盡力的做事。"本章結尾附錄了許多可用在孩子身上的
短句。

接著，再找機會將一句話延伸為一分鐘的讚美。首先要熟
悉不同行為的特質。附錄A："反映給孩子看的四十個行為上
的優點"將會是一項利器。其中針對這四類行為模式，每一類
都列舉了十個優點。當你花工夫描述眼中的孩子，並肯定他行
為上的優點時，孩子也隨之具體的了解神在自己身上獨特的設
計。

我有個朋友，名叫媚麗，她注意到十一歲"S"型的女兒
貝絲妮有時候會對他人散發特有的惻隱之心。有一回，她去參
加朋友祖母的喪禮。儀式中，她刻意的陪在這朋友的身邊，並
握著她的手。另一天，在輪式溜冰場上，貝絲妮看到幾個女孩
兒嘲笑一個溜來跟蹌的女孩兒，於是她就躬身前去，**幫助她站**

起來，而且整個下午都與她為伴。

　　媚麗為要鼓勵貝絲妮繼續發揮她的同情心，於是在睡前對她做了一分鐘的讚許："貝絲妮，我注意到妳在喪禮中，特意的伴隨在凱麗身旁，那就是我所謂的同情心。那代表妳對別人的傷痛有感同身受的能力，因為你有為人設想的心腸。你肯跨出自我，去幫助他人，正因妳能體會她的感覺。像妳這樣有同情心的人，正是一般人都喜歡結交為朋友的那一類。"

　　第二，讓孩子不期然的聽到你向別人褒揚他的優點。外公外婆來家裡探望時，我告訴他們，當我們上餐館吃飯時，可麗是家裡面勇於向侍者表達和索取所需的人。當我說到："可麗有勇往直前的優點。她能輕易做到別人覺得彆扭的事情"時，可麗的臉上綻放出喜悅的光芒。外婆留下了深刻的印象，而可麗也將這本能的行為優點，當成一項寶貴的本錢。

　　第三，注意孩子超越原本性格特點的行為表現。孩子在某方面的行為表現不如其他孩子時，並不表示他就不能加倍努力去學習那些技能。這也就是成長與成熟所能發揮的功能。一個成熟的人，會知道自己的優點，並且會藉由才能的發展，來彌補其他方面的不足。

　　當"D"型孩子展現出敏感性、"I"型的孩子懂得注意細節、"S"型孩子肯大膽的步入未知的領域、或"C"型的孩子願意冒一次險時，千萬不要忽視它，而且要告訴孩子，讓他注意到自己的超越。這樣一來，他會變的更有彈性，也更加平衡。我兒子契德向來不拘小節。但是有一回媽媽叫他去雜貨店買碗豆罐頭時，他卻做了一件驚人之舉。他發現我們經常買的品牌雖然在減價，但仍然比其他品牌的碗豆罐頭還要貴，於是，他主動選擇便宜的那種。凱倫說："你能計算出三罐一美元的減價碗豆罐頭，事實上比沒有減價的還要貴，這就是我所謂的注重細節。真謝謝你為我們省了錢。"

第四，給孩子寫些別出心裁的信箋與字條。孩子們好像都喜歡收到別人親手寫給自己的信件，也許是因為寫下來的話語，就像一個實質的備忘錄，可提醒孩子你的愛與他們的優點。很多人有保存激勵人心的信函，留待日後再三咀嚼的習慣。我特別偏好貼紙字條。你可以將它貼在浴室的鏡子上、午餐盒裡、或是子女房間裡的床頭櫃上。一天晚上，克瑞絲（我那"C／S"型的孩子）請我到她房裡去一趟。她說："爸爸，瞧一瞧，你認為如何？"我回答："克瑞絲，我一邊看，一邊注意到，妳房裡的東西，都分門別類的物歸原處，這正是我所謂的**有條理**。我太欣賞了。而妳也幫了爸媽一個大忙。"事後，我寫了一張字條給她："親愛的克瑞絲，我能體會你花費了多少時間和心血，把房間整頓的如此整齊。妳是個有組織條理的人。謝謝妳的相助。愛妳的爸爸。"可麗，我們"S／D"型的孩子，在某些事情上很靦腆，不過，當任務來臨時，她會立刻自告奮勇。我們是在餐廳用餐時發現她的這項特質。當我們吃完了籃子裡的麵包時，我請契德和克瑞絲兩人向侍者再要些來，可是他們都感到向陌生人說話很彆扭，而可麗卻馬上自願前去。第二天，我寫了一張短箋給可麗。雖然凱倫堅持要唸給她聽，總之是將重點傳達了："親愛的可麗，我注意到，妳肯自願去做別人不想做的事。這正是我所謂的勇往直前。那表示當別人在猶豫、或是想躲避時，妳卻能輕易的採取行動。謝謝妳昨晚在餐廳裡，願意幫我們索取麵包。愛妳的爸爸。"

最後，給孩子一些可以發揮優點的責任。不久前，我們到佛羅里達渡假時，我指派克瑞絲負責廂型車裡的整潔。她覺得這個主意很棒。於是我吩咐每個人都要遵照她的指示，而且我們也都大加讚賞她的組織條理能力。去年夏天，我把剪草的責任託付給契德。這個做法非常適合他"D"型的個性，因為這使得他有掌控的機會。他甚至有權決定甚麼時候該剪草，而我也因此又少了一椿沉重的差事。他創意的一面也由此大展頭角。有一天，我回到家，發現他把後院的草坪剪出"FSU"三個大字。原來，他先將草坪剪過一遍，然後再將剪草機裡的刀片降低一格，隨後又回到草坪上把字樣剪出來。這代表佛羅里達州立大學的縮寫，要從我們家二樓才看得出來。我誇獎了契德的創意一番，不過，這一回我提醒他下不為例。

反映孩子的弱點

無論你再怎麼努力想藉著反映優點來鼓勵孩子，他總歸是會有缺點的，像是一些令你困擾的盲點或是弱點。而且，你可能每天都要面對這些弱點。不過，妳卻可以選擇如何表達出這些弱點：以鼓勵的態度，或是打擊的方式？建造還是拆毀孩子的自尊？思想一下這些父母們對孩子們所說的話：

"我該拿你怎麼辦？你難道不想做點有意義的事情，當個
　有用的人嗎？"

"看看你的房間。你該好好清掃一下了。這種豬窩也住的
　下去？"

"你如果要做這件事，就一次把它做好。"

"做的很好。但只要你肯，下次可以做的更好。"

在這每一個情境中，父母們都夾雜了兩個訊息：他們試圖糾正孩子行為的同時，也告訴他們："我不滿意你。你必須改變。"諷刺的是，許多孩子會用頑劣的行為來尋求父母親的注意與贊同。通常，孩子的行為越差，他需要的贊許就越大。越是反叛或退縮，就需要更多的愛與接納。問題是，他的行為是在自我摧毀。他深切的渴慕贊同，但是他不當的舉止又幾乎是無可救藥。於是就陷入惡性循環裡，不停的自掘墳墓。有時候做父母的也要放輕鬆一點。偶爾一次負面的責備，還不至於造

成永久的傷害，尤其你若是肯認錯，又請求原諒的話。不過，
一個長期看到負面與挑剔反映的孩子，他會這樣論定自己：
"我是個很糟糕的人。連爸媽都不喜歡我，還會有誰喜歡？"
雖然優點需要被肯定，但有些特定的行為，也必須被限制。在
反映孩子的形象時，務必要以肯定他的內在設計為前提。這兒
有幾點建議：

　　1. *將孩子的缺點視為過度發展的優點*。任何優點被極端的
發酵，或是不當的使用，都會變成一種缺點。當孩子發掘自己
的性向時，也需要學習到，任何的優點與長處都有它另一面的
缺陷，所以必須隨時做適當的檢視。

　　下面這個說明顯示出不同行為模式的優點，能輕易的變相
為缺失。（在附錄A內的"四十個行為優點"裡，也提供了相
關的缺點。）

	優點	相對的缺點
D	任務導向	欠缺耐性
	自信	自滿
	好勝	攻擊第一
	有決心	固執任性
	勇敢	肆無忌憚
	直爽、坦率	鹵莽、不夠圓滑
I	熱忱	亢奮、情緒化
	善於溝通	愛說話
	樂觀	不實際
	想像豐富	做白日夢
	人際導向	做事雜亂無章
	率性	隨興、沒有規矩

S	穩重	欠缺熱忱
	穩定	拒絕改變
	隨和	優柔寡斷
	配合	過度附和
	憐憫	容易被掌控
	樂於助人	壓抑自己
C	善於分析	挑剔
	警覺	多疑、不合群
	有良知、負責任	掛慮太多
	具有個人高標準	好批判、評論
	追求美善	完美主義
	具有直覺力、敏感性	容易被批評所傷

2. *指出缺點的同時，也要肯定他的優點*。讓孩子看到，當優點被過度使用時，可能會傷害或侵犯到別人，甚至會給別人惹麻煩。這時，優點不但無濟於事，反而具有殺傷力。

"布萊（"D"型），我看得出，你為了要打贏這場比賽，真是卯足了勁。這就是一般人所說的**好勝**。**有件事情你必須牢記**，有時候好勝的人會在不該較力的情況下攻擊，或是侵犯他人。"

"麗絲（"I"型），我看得出來，你非常喜歡與人交往，也希望別人喜歡你。**要牢記在心的是**，有時候，這也會讓妳無法選擇做自己認為對的事情。"

"參姆（"S"型），你會為了交朋友而輕易的犧牲自我。**有些時候，當你妥協時，可能會給別人利用你的機會。**"

"凱玲（"C"型），我知道妳做每件事都會先仔細的考慮一番。**有時候，當這個優點使用不當，以至於失去平衡時，別人**

可能會覺得你只在乎你的工作，並不在意他們。"用這種方式糾正行為時，千萬不可使用"但是"或是"不過"這類的字眼，就像這個例子，"傑夫，你的標準很高，**但是**那也會讓別人覺得高攀不上。"你若肯定一項優點後，跟著就說"但是"，優點就被一筆勾銷了。盡量用"要記得一件事"或是"有件事要牢記在心裡"或是"有時候這個優點會變成一種缺點。"這樣就可在不否定優點的前提下，教導孩子優缺點間的關係。

孩子的領會遠超過我們所想

幾年前，有一回契德（D型）和凱倫在吃早餐時大吵一頓，因為他不準備就序，反倒閒蕩，乃至於沒趕上校車。就在凱倫忍無可忍，試著啟發他準備就序時，契德大不敬的向媽媽頂了幾句嘴。凱倫明明的告誡他，因為他惡劣的說話態度，放學後將被禁足在家裡。在爭執的烈焰中，父母通常需要採取比較直接的處理方法，以求有效的控制衝突。孩子越情緒化，就越難和他講道理。理性是無法勝過情緒的力量的。我從洗手間裡聽到凱倫和契德的對話。雖然凱倫已經教訓了契德，我還是想再和他談談。我覺得有需要在不受情緒的左右下，冷靜的討論他的行為。當天晚上，我陪著契德躺在他床上，向他提起早晨發生的爭執。我要他明白一件事，他之所以經常被處罰，原因出在他不敏於別人的感覺，而這也正因神所恩賜的優點被過度膨脹的結果。我說："你知道，上帝賜給你一個很大的優點，就是你肯據實說出自己的想法。那叫做直率。這個優點對他人很有幫助，因為他們無需傷神猜測你的想法；你會主動表白。有件事你需要記得的是，任何一種優點都可以變為有害，而非有益。當你對媽媽、對我、或對任何一個成年人據實表達你的想法時，有可能會變得不夠敬重。而對你的朋友這樣的話，他們可能會認爲你很惡劣。"

我懷疑他是否聽進去了，於是接著問："你聽得懂我所説的優點和缺點嗎？"

"我想是吧。"他回答。

"那麼，你解釋給我聽聽，我才曉得你領會了多少。"

契德隨後就説："那就有點像乾冰。"

"乾冰？"我暗想，太悲哀了，他想到那兒去了？

"對呀，乾冰。"契德説："這玩意兒很好，因爲它可將物品保持冰冷。但是，你若把他握在手裡，卻會被燒傷。"

哇！

乾冰…，他聯想到了。這幅圖畫成了許多其他的優缺點的討論基礎。契德清楚的明白自己的行爲需要改變，但同時也因領會到自己行爲舉止的肇因，而大受激勵。我不要他放棄自我，去做另外一個人。我是在訓練他平衡與生俱來的優點。在下一章裡，我們將探討 "反映原理" 的另一個領域：反映孩子的情緒。

反映孩子優點的短句

對 "D" 型孩子：

你是個有決心的人。

你很有自信。

你很有見解。

你不容易分心。

你不會屈服於強勢，做自己不願做的事。

你會據實說出自己的想法。

只要定了目標，你就會全力以赴。

你有能力自己做事。

你對自己的興趣很執著。

你做事投入又果斷。

你是個敢言的人。

你既獨立又能幹。

即使在陌生的環境中，你也能毫不畏懼的勇往直前。

你在困境中反應迅速，總能想出解決的方法。

你是個有理想抱負的人，而且懂得認真追尋。

你不需要別人的協助就能自己做決定。

你會誠懇的表達對事物的看法。

你喜歡看到做事的果效。

你的精力旺盛。

你有堅強的意志力。

你對人坦白直率。

你需要藉由體能運動來重新得力。

對 "I" 型的孩子們：

你是個外向的人。

你是個充滿熱忱的人，而且能感染別人。

你希望與人發展良好的關係。

你非常有幽默感。

你對周遭的事物觀察敏銳。

你很熱心參與時下熱門的事務。

你的想像力真是豐富。

你希望成為一個受歡迎的人。

你的配合度很高。

你是個花樣百出的人。

你的精力充沛。

你是個閒不下來的人。

你不但熱愛人群，也希望受別人的歡迎。

你很喜歡與人相處為伴。

你能使別人感到舒暢。

你在人群中，或環境裡，都尋求最好的。

你好像不會為小瑕疵或瑣碎的事煩心。

你會為自己感到高興。

和你在一起樂趣無窮。

你口才真好。

你可以很自然的分享你的想法和感覺。

你獨具啓發別人的特有能力。

你的故事講的真精彩。

你在表達想法、意見、與感覺方面非常有恩賜。

說話對你而言，實在是輕而易舉的事。

你很有說服力。

你只要和人在一起，馬上就活力百倍。

對 "S" 型的孩子們：

你喜歡發展深入、持久的人際關係。

你是個善於關懷的人。

你是個樂於接納他人的人。

你能深深的體會別人的傷痛與挫折。

你喜歡先冷靜的觀察，然後再參與。

你喜歡在行動之前，先查問清楚。

你需要知道會發生甚麼事。

變化是你難以忍受的。不過，那不要緊。

和你談話很輕鬆怡人。

你喜歡事情的做法，能一步一步的被解說清楚。

你不做草率的決定。

你喜歡事物保持原樣。

你會執著於自己專精的事物上。

你做事按部就班，毫不急躁。

你願跨越自我，與人和睦相處。

你是個很有耐心的聽眾。

你有悲天憫人的心腸。

你做事向來有頭有尾。

你是個善體人意的人。

你似乎不喜歡衝突或是惹事生非。

你給人一種親切隨和的感覺。

你有一種可以使他人鎮靜的影響力。

你似乎不受時間的壓力，總是從容不迫的。

你是個值得信賴的人。

你喜歡相信別人，給別人機會。

你需要一些屬於自己的時間來恢復精力。

對 "C" 型孩子們：

你有點偏向沉默型的人。

你的標準很高。

你做事向來是盡心盡力的。

你很注意別人的言行與感受。

你喜歡把事物整理的井然有序。

你做事情很重精確性。

對於計劃要做的事情，你會預先做完備的了解。

你喜歡事情能合情合理的完成。

你會小心的衡量事情。

你是個很高明的鑑賞人。

你喜歡仔細思索後再做決定。

你是個嚴肅的人，但並不表示你不快樂。

你對事物的思考深入細膩。

你要求事情做的"精確"。

你有個好質疑的頭腦。

你對周遭的環境很能進入狀況。

你對關鍵性的細節很感興趣。

你很享受自己獨處的時間。

你需要藉由安靜來給自己充電。

12 反映孩子的情緒

安娜的課業成績向來很優異,但是,有一天她面帶愁容的放學回家,然後很不甘願的把成績單交給媽媽。

媽媽:"怎麼了?安娜。"

安娜:"不夠好。"

媽媽:"讓我看看…安娜,我不覺得有甚麼問題。你的成績很棒呀!"

安娜:"才不好呢!我的自然科只得B而已。"

媽媽:"但是你的歷史得了A,數學是A,英文是A,西班牙文也是A。科科成績都很棒,實在沒有難過的道理。"

安娜:"媽,我甚至多做了一個可以加分的作業,可是自然科還是只得到B。"

媽媽:"也許因為你的自然科老師比較嚴格。你把這看得太重了。"

這則故事聽起來是否很耳熟?我們常常想說服孩子走出陰霾,結果情況不是很悲慘,就是很滑稽。

孩子:"媽,我很累。"

媽媽:"你不可能會累。你昨晚很早就睡覺了,而且今天早上九點才起床。"

孩子:"但是,我真的很累。"

媽媽:"你**不累**!動作快一點,把東西都帶好。我們該走了。"

孩子（哭泣著）：**"我很累，而且我不想去！"**

當孩子跌倒擦傷膝蓋時，我們知道該怎麼做：清潔傷口，貼上繃帶。但是當孩子帶著情感上的傷口來求助時，那就難多了。我們想用邏輯、道理與否認來引導子女從被籠罩的感覺中走出來，但這樣的回應往往讓孩子覺得，他說的話沒被聽見，於是，在懷著被誤解的情緒，他們就將憤怒與傷痛轉嫁到我們身上。這會不會就是保羅所指的，做父母的不要惹孩子的怒氣（弗六：4）？

孩子："我討厭傑森，自從他到我們家後，我就毫無樂趣可言。"

爸爸："對弟弟說這種話，實在很糟糕。你不可以說這種話。你只是說說罷了，心裡並不這麼想。"

孩子："我真的很討厭他。希望他沒出生就好了。"

爸爸："小姐，我不想再聽到妳說這種話。聽懂了嗎？懂嗎？...回答我！"

孩子："懂！"（她咬牙切齒地跨出房門。）

在這些例子裡，父母親都試圖以否認和道理來抵擋孩子的感覺。他們都希望能將問題解決，但不知不覺地在過程中否定了孩子的感覺。處理子女情緒的技巧是需要學習的。許多人在成長的過程中，都未曾接受過如何處理與表達情緒的訓練。當孩子注視你眼中那面鏡子時，需要看到的是她情緒上的實際映象。這是教導他戰勝情緒的第一步，然而，太多太多的父母都忽略了這一點。

情緒是生命不可缺少的

這種露骨的開場白，聽起來有點可笑，但確是千真萬確的：我們都忍不住會感受到情緒！那已經是我們的一部份。但問題是，許多人不知道該**如何處理**這些情緒。

我們有時候快樂，有時則不，有時候自己也搞不清到底感覺如何。有時候會說些無心之言，有時候也會有不合情理的感覺爬上心頭。

當一個成熟的人陷入負面的情緒中時，也許有能力省思肇因，然後採取某些應對行動，改善自己的態度或當時的情勢。

如果她對孩子動怒，隨後會問自己一些問題，譬如：**我為什麼這麼生氣？他錯了嗎？我錯了嗎？我剛才是不是可以採取別的做法？**她會獲得一些結論，並且在未來採取改進的做法。

但是，假如在她大發雷霆時，一位密友對她說："妳不該這麼生氣，是你自己先鑄下大錯的。"

這就是在火上加油了。她的怒火將不僅延及孩子身上，更會波及這位不了解她的朋友。在這當口，她並不想聽道理，事實上，她的思想已經被情緒所遮蔽，根本聽不進道理。她可能會將朋友罵一頓，而且還要花更長的時間整頓思緒，才能慢慢鎮靜下來。

在孩子們身上亦然。許多父母，直接或間接的告訴子女，有些情緒是令人難以忍受的。當孩子害怕時對孩子說："沒甚麼好怕的，"悲傷哭泣時又說："要勇敢，擦乾眼淚。"或是"這點小傷，不會有多痛的。"

被別人誤解的感覺，是生命中最令人灰心消沉的情緒之一。一位佚名的詩人，悲情的這樣描寫著典型的家庭：

兩個彼此不了解的人，

生了一群他們不了解的孩子

而孩子們也永遠無法了解他們倆人。

很悲哀，卻也很寫實。當你向別人吐露心聲時，期望的是別人能感同身受的聽進去，並且不帶批判的領會你的感受。首先，你需要一點時間，理一理如麻的情緒，然後坐下來，理性的找出解決之道。但許多為人父母的，在回應孩子的感受上所採取的對策，往往與自己身歷其境時希望被對待的方式逆向而行。如果你定意以"希望別人對待自己的方式來對待孩子"，那就需要訂出計畫，在相同的情況下，你期望別人怎麼待你，就以同樣的態度對待孩子的感覺。

你是個漠不關心、將心比心、或是有同情心的人？

將心比心是在幫助孩子處理情緒時所需的重要特質。將心比心就是用心靈與思想來聆聽。當你展現這種特質時，會讓孩子知道你了解她的感覺。

也許以下說明能幫助你了解。

漠不關心	將心比心	同情心
不關我的事。	聽起來好像你真的很捨不得與朋友分別。	嗚！真叫人難過。你這可憐的小傢伙。

漠不關心的定義是"缺乏情緒上的回應，或是缺乏興趣與關心。"當我漠不關心時，我就會不參與這件事物。做父母的可能會因太過忙碌於自己的事務，使孩子解讀為"他不在乎我"。

孩子流露出她的情感，得到的回應卻是微乎其微或根本毫無反應——一些匆促應付的回答，像是："不會有事的。好了，出去玩吧！"會讓她不禁以為："我媽並不關心這事。他們不愛我。"

另一個極端是同情心，它的定義是"為別人感到"如何。

發揮同情心的時候，會變得過於涉入他人的情緒，並且是向他人宣洩一種會使人感到卑微的情感。事實上，一般人並不想被當做可憐蟲，而是想被了解。

將心比心地聆聽是指與他人"共同感到"如何，各自卻仍然保持為獨立個體。這就是保羅在羅馬書十二：15所說的："與喜樂的人同樂，與哀哭的人同哭。"這種有同理心的人能體會出別人的傷痛，但不會因此而悲慟至極，無法動彈。她對別人的憂傷、恐懼、失望、不安或是挫折能感同身受，但仍然保持適當距離，才能做進一步的幫助與鼓勵。

例如，當你的：

● 高度"D"型的子女，暴躁發怒時；

● 高度"I"型的子女，因為未被邀約參加生日會而哀傷時；

● 高度"S"型的子女，為第一天到新學校上學而緊張時；

● 高度"C"型的子女，因為在學校的音樂會表演豎笛時，吹錯一個音符而耿耿於懷時。

你會怎麼應付呢？這兒有些可能性。

丹尼爾："你真是小題大作。忘了它，繼續努力。"

樂觀者："多看好的一面。"

勸告者："你知道我認為該怎麼做嗎？"

責怪者："真的不是你的錯嗎？你怎麼搞成這樣的？"

悲憫者："可憐的小東西，真為你難過。"

演說者："你當初若是…的話，事情就不會發生了。"

同理心："孩子，我看得出你很——（生氣、焦慮、困擾、傷心、沒面子、悲痛、害怕、恐懼、不高興、擔心、愁煩、失望）。如果我是你的話，一定也會有同樣的感覺。"

　　要小心自己的行爲模式，可能會阻礙你以同理心來體會孩子。比方說，**指揮性強的"D"型**父母在試圖扭轉情勢或人事的時候，因爲有火速下達命令的傾向，所以就看不出"I"型孩子渴望能被同儕接納的心情。

　　而**互動性強的"I"型**父母常使用樂觀的話語來解除孩子的牽掛，例如"嘿，想開一點，別擔心，事情會圓滿解決的"。因爲她自己不拘小節，所以難以了解一個"C"型孩子遇到不如預期的進展時，內心會掀起的翻騰。"D"型與"I"型父母速戰速決的回答口吻，在孩子的眼中都代表著漠不關心。

　　扶助性強的"S"型父母最能自然的發揮同理心，但是有過頭的可能，反而變成是在悲憐他人。同時，她也無法理解何以"D"型的孩子會如此易怒。這種父母覺查不出別人已經不耐煩了。

　　糾正性強的"C"型父母一心想要導正孩子，以至難以勒住自己不說勸戒的話、或做過度的分析。我再重申，這會使人感到冷酷、無趣。因著"C"型父母警覺的天性(也可視之爲悲觀主義)，使她無法認同"I"型孩子昂首闊步的行事風格。有些人可以輕鬆自然的以同理心對待子女，不過，同理心也是可以學會的。我在此教你三招。

第一步：聽！

　　當你悲傷、氣憤、沮喪、或困惑的時候，你需要的可能只是一雙肯聽的耳朵。你希望這個人單單聽你吐露苦水，不必給任何的規勸、反對或判斷。不懷成見，任孩子向你表達情感。攔住自己，別給孩子答案。這往往就是她所需要的──知道你很關切，所以願意花時間聆聽。容她說出事情的全盤經過。其

間，你可能需要適時發問，打開她的心房：發生什麼事了？你
說什麼？那令你感覺如何？不過要注意的是，不要變得像是在
審問一般。

第二步：不加批判地接受與反映孩子 的感受

　　再次發揮鏡子的功能——不只反映她的優點，還要包括她
的情緒。這是另一種順應孩子的性情來管教的方式。每一種模
式都有一種特別的情緒組合，並且有一致不變的傾向，說出你
在孩子身上察覺到的情緒，並且不加評估或扭曲。將你看到的
情感描述出來。

　　"孩子，你真的很生氣這場比賽輸了。"
　　"你聽起來真的對你的朋友感到失望。"

　　恰到好處地描述情緒程度也相當重要。你可添加一些副詞
來適度的傳達情感的強弱度。

　　"你有一點難過，因為你朋友並未邀請你。"
　　"你相當難過，因為被朋友排斥在外。"
　　"你非常難過，因為朋友沒將你算進去。"
　　"你椎心泣血般地難過，因為朋友們沒約你。"

　　漢吉那（Haim G. Ginott）曾指出，這種反映性的回答，有
助孩子們（以及成人）知曉自己內心的情緒：
　　如何幫助孩子了解自己的感受？答案就是讓我們充當孩子
情緒的鏡子。孩子從鏡子裡知道自己的身體形像，又藉著聽聞

我們對他情感的反映，曉得自己的情緒狀況。

情緒鏡子的功能，是要按實貌反映情感，毫不扭曲變造：

"你看起來好像很生氣。"

"你聽起來好像很討厭他。"

"你好像很厭惡這整件事。"

這些話最有助於眞正感覺如此的孩子，因爲這些描述能清楚顯出她當時的感受。不論是穿衣鏡或是情緒的鏡子，清晰的畫面能帶來主動修整與改變的機會。

當你敘述孩子的感受時，不要一字一句地重複學樣，免得她識破你的手法，懷疑你的誠意。

使孩子坦然無懼的吐露眞情之最佳良策，就是重複使用這方法，並且酌情發問。以言語具體形容孩子的情感，有助她進一步了解自己的感受。

我們還可以爲孩子的情緒命名。當可麗的朋友組成一個小圈圈，卻把她排斥在外時，我告訴她："我猜你當時是生氣與失望。"當同班同學調侃傑瑞戴牙齒矯正環時，他母親對他說："你當時一定是尷尬。"

給孩子的感受命名是將情緒投射給孩子看的方法，能讓他們知道自己的情緒是正常、可以被接受的，更且表示我們了解他的感受。這個步驟可能是幫助孩子處理情緒時，唯一不可缺的。

最近在我造訪一個家庭時，聽見那家的人嘲弄家裡十歲大的男孩，說了他與學校中某位女孩之間的種種傳聞。過了一會兒，他姊姊從樓上下來，通報大家，說那男孩正因情感受傷而傷心哭泣著。

當時，做爸爸的大可一笑置之地說："孩子都是這樣──

他們需要學習如何處理異性關係。"他也可以這麼說："沒什麼好傷心的——他們只是說著好玩的,你需要學習把它當作笑話聽。"

但是這位父親卻深深地體會到兒子的感受。這個年紀的男孩方才發展對異性的興趣,當他們共處時,會感覺彆扭,甚至驚惶失措。於是這位父親走上樓去,找到那正倒在床上啜泣的兒子。

"別人笑你的時候,你一定是傷心的,對不對?"

"對呀,他們明知道我不喜歡被別人指指點點的。尤其是有關女孩子方面的事。"兒子如此回答。

"那真的很彆扭,是不是?我也不喜歡別人這樣對待我。"

經此一番對話,他的淚水終於止住了。這男孩清楚知道他的父親了解他的感受,也因此使他的心情頓時好轉許多。

第三步:按著需要,再度重回那情緒上,加以討論。

多數情況不需要採取這項步驟,不過在遇到重大事件、或激進的情緒發洩後,應該稍後再與孩子就之討論一番。等到孩子的情緒穩定下來,思緒清晰的時候,她會更願意接受其他觀點的討論。及至能對她講理時,將她引向神的話,一起探究問題的根源。提出一些這類的問題:

"你從這個經驗中學到什麼?"

"下一次再發生的話,你會採取什麼不同的做法?"

"你覺得自己的態度如何?"

"需不需要向誰道歉？"

"神藉這件事教了你什麼？"

盡在口中

在我思索這一部分的過程中，不禁想起神是如何以同樣的手法對待祂的一個孩子。當神呼召約拿往尼尼微去的時候，約拿一點兒也不想插手。事實上，他趕搭了一艘與尼尼微城背道而馳的船，並將自己隱匿在船中。

我猜約拿應該是"C"型的中堅分子，所以神給予他所需要的——沉澱恐懼與情緒沸騰的時間。約拿在大魚腹中的"海底之旅"為他提供了考慮的時間，三思是否接受神的邀請，到尼尼微人面前呼籲他們悔改。

後來約拿被大魚吐在海灘上，並且隨即直奔尼尼微，一字不差的傳遞了神的信息："再過四十天，尼尼微就將被毀滅。"

約拿必定很震驚，這座惡貫滿盈的城市，竟然聽信了他捎來的信息，並且在神面前降卑悔改。神因見他們改邪歸正，也就不毀滅他們了。

於是就此喜劇收場，對不對？錯。正義公理還未得伸張呢！太便宜尼尼微人了，至少約拿是這樣認為的。經上說："這事約拿大大不悅，且甚發怒"。（拿四：1）

他又花了不少時間獨處，孤坐在郊野鑽牛角尖。沮喪到一個地步，他竟要求神讓他死了算了。

神只問約拿一個問題："你有什麼權利生氣？"僅此而已。既不說教，也沒有長篇大論。祂給約拿充份的時間整頓他的情緒、並思想那個問題。

約拿的情緒狀況是每下愈況。後來，他在尼尼微城東邊搭了一座棚，想要等著瞧這個城市會遭到什麼下場。神不但容許他盡情的坐著，更且還安排一株長滿大葉的植物在他的棚邊生長茁壯，甚至高過棚子，為他在炎熱中遮陽避暑。這使得約拿漸漸快樂起來了。情況似乎漸入佳境。

但就在此刻，神安排了一隻蟲子來咬食這株植物，使它枯槁而死。這一來，約拿爆發出勢不可擋的憤怒。他氣尼尼微人、他氣神、他還氣那隻該死的蟲子。沒有一件事是"對"的。於是他滿懷悲歌，一遍遍的吟著："生不如死呀！"

神在這一刻又如何應付他呢？祂又以一個問題來回應約拿的怒氣："你有權利為這株藤樹生氣嗎？"約拿回答說："當然有。我已經氣得半死了。"

於是神又對他問了這樣一個問題："你會對一株植物有憐憫之心，難道我不該憐憫我十二萬個子民嗎？"

故事就此打住，我們並不知約拿最後做何回答。

這故事發人深省之處，在於神並未叨念約拿走出當時的心情──即使那情緒根本就不合理。這卷書在在顯示神隨時隨地在教導約拿正確的生活之道，但卻不急於導正他。從鯨魚到蟲子，神肯花充沛的時間來扭轉約拿的心。這是神對情緒徬徨的孩子所做採取的處理方式。

孩子們雖然難擋由然爬上心頭的感覺，但重要的是，要讓他們懂得自己有什麼感覺，以及為什麼會有此感覺。若是她們能了解、並接受這樣的感覺，內心較不會產生錯綜複雜的現象，而且也不至因你對她不解而遷怒於你。

各行為模式的典型情緒反應

不同的事件會引發DISC任何一種模式不同的情緒。正如優點與缺點是相關的，我們的恐懼與目標亦然。

不論一個人的生活目標是什麼，她最大的恐懼就是達不到目標。當目標受阻時，每一種模式的人都獨具個人的情緒反應、以及對應的行為。

"D"型的目標是要獲得成果。她喜歡掌控、選擇與挑戰。倘若這些受到阻撓，"D"型的人會變得氣憤、煩躁、需索無度、與粗暴。在怒火的澆燃下，"D"型的人會力爭到底，並無視他人的需要。

"I"型人的目標是要討人的喜歡，要享樂，要受注目與認同。她的恐懼因此就是不被認同：跟不上時下流行的任何事物、或被排拒在外。當"I"型的人感到被拒時，她的情緒指標就會在兩極間游移——從言語攻擊式的暴怒（例："你討厭我的朋友。"），到噘嘴沮喪。"I"型的人很容易情緒透支。

"S"型的目標是要保持一切平靜穩定。因為她害怕喪失穩定性與安全感，所以突如其來、意料之外的驟變，會帶給她晴天霹靂般的痛苦與愁煩。"S"型的人有時會被愁雲慘霧所捆鎖，結果以放棄或封閉自己作為收場，而且她們對傷痛的感覺有難以釋懷的傾向。

"C"型的人一心要當完人。凡經她手所做的，都必須是精確無誤的。她最怕的夢魘就是鑄下錯誤、或是成果不如理想。她的情感複雜又深切。通常"C"型的人是節制、矜持、而且有點面無表情的樣子，然而，她的內心深處，卻可能是焦躁、憂愁與沮喪的。

13 注滿愛杯

幾年前的某日，我在駕車回家的路上聽見收音機傳來一首名為"愛杯"的老歌。歌曲中反覆著這句話："每個人都拼命想將自己的愛杯斟滿。"當天晚上，這句歌詞在我心裡繚繞不停。抵家後，我告訴家人，上帝在每個人心裡放了一個愛杯。每當這杯滿的時候，我們就會感到愉快與被愛，舉止也跟著雀躍。當愛杯所剩不多時，就會感到鬱鬱寡歡，一副悲傷惆悵的樣子。

我又進一步解釋，當家庭成員彼此相愛時，也能使彼此的愛杯保持滿盈。於是就從當晚開始，包宜家族開展了一項傳統，就是彼此詢問："你的愛杯今天裝了多少？"的習慣。

從此，每當我問："可麗，你的愛杯今天是滿的嗎？"她有時候會說："是，"不過，到了睡前時分，她通常會說："不。"然後我接著問："裝到什麼位置了？"她就指一指腳踝附近。

我會告訴她："那麼，我們來調節一下。"我隨即開始親親她、擁抱她。她也跟著伸出手來指著自己的身體，緩緩地由下往頭頂上升，同時還配著警笛聲，漸漸由低而高："嗚嗚嗚嗚伊伊伊伊！"

孩子們真的對這習慣上癮了。他們愛上了這愛杯！有一天，我們一家到附近百貨公司逛街，途經家具部門時，克瑞絲突然駐足道："爸爸，我的愛杯現在好低好低。"這時，大家都瞠目結舌，彼此對望。最後，眾目集中在我身上。於是，我就在陳設著沙發與椅子的走道上，就地蹲下，將克瑞絲緊緊的擁抱，然後開始親她的臉龐，一直到⋯"嗚嗚嗚嗚伊伊伊伊！"

事後我問她，是不是出了什麼問題，她說："沒有。我只是需要加滿一點。"

甚至於我的孩子們也會問我的愛杯裝了多少？不久前，我下班回到家，可麗在門口一見到我就獻上了一個熱忱的擁抱與親吻，隨後問我："今天好嗎？爸爸。"我說："好。"

她聽得出這回答不很肯定，於是又深入探究："那麼，你今天**感覺**如何？"我說："我覺得還好。"

她還是不滿意。"你今天是高興？生氣？傷心？憤怒？害怕？擔憂？還是快要瘋掉了？"她每說出一種情緒，我就配合著表演那個表情，結果變成了猜謎遊戲。不一會兒，我們倆都又樂又笑起來了。

接著，她又問我的愛杯裝了多少？我指指腳踝，她立刻上前，反覆的擁抱我、在臉頰上親我。我的手指頭也隨之向上提升，指向腿部、然後胸部、脖子、到達下巴後又緩緩加滿到頭頂，"嘶嘶嘶伊伊伊伊嗚嗚嗚嗚！"的聲音伴隨著愛杯的滿溢作響。

簡單又深奧

我曾對會眾並在研習會中分享這個作法，一時間竟也蔚為風尚，很多人都跟著做。為人父母的，都希望能找到一些好辦法，可立刻在家裡派上用場。

這個簡單又深奧的辦法，也是肯定孩子的最後步驟。當你的孩子望著你眼神中的鏡子時，不只要讓他看見他的優點與情緒的正面反映，還需要讓他看出你對他的愛。除了藉由肢體表達愛意以外，我知道幾種更好的方法。

當我初期論及愛杯的想法時，有人跑來告訴我，第一個發現這個理念的人並不是我。若思坎保博士 (Dr. Ross Campbell) 在他所著的《**如何真正的愛你的孩子**》(How To Really Love Your Child) 一書中提過相同的原理。

我做過的每一項研究，幾乎都顯示孩子們持續的在問父母："你愛我嗎？"而且多數是以行為發問，很少用言語。而這個問題的答案，在孩子們的生命中，絕對是再重要不過的。

"你愛我嗎？"倘若我們是無條件的愛這孩子，他能感覺出問題的答案是正面的。如果給的是有條件的愛，他就會有徨惑、焦躁的現象。針對"你愛我嗎？"這個極端重大的疑問，你所給的答案將深遠地決定這孩子對生活的基本態度，會左右他的一生。

因為孩子經常是以行為提出這個問題，因此我們也常會以做法回答他。孩子從他的行為中告訴我們他的**需要**，可能會是更多的愛、更多的管教、加倍的接納、或是更深入的了解。

我們也藉著行為來滿足孩子們的需要，但是唯有當雙方的關係建築在無條件的愛上時，才能達成。我們內心對孩子的愛也許是強烈的，但那並不夠，孩子要從我們的行為上看見愛。我們對孩子的愛，是由行為傳遞的，就是我們所**說**與所**做**的。不過，所做的影響又更大。

之後，坎保博士又說，每個孩子都有一個**情緒的槽**（有點兒耳熟嗎？）"

至此，我要做一項本書中最為重要的聲明。唯有在孩子情緒的槽加滿時，孩子才有可能處於最佳狀態，或是能全力以赴。

他接著又問：

那麼是誰有責任保持情緒的槽滿載呢？猜對了，就是父母。孩子的行爲顯示出槽裡的量。只有當槽是滿載時，孩子才能眞正的快樂起來、發揮他的潛能、並且對管教作出恰當的回應。

想想看，當孩子發牢騷時，其實他是否是在問："你愛我嗎？"當他躲避你時，是否也在問："你愛我嗎？"當他一而再的重複一個令你火冒三丈的動作時，是否在問你："你愛我嗎？"

這眞是個振撼人心的眞理，不是嗎？保持他們的愛杯滿載就像一幅生字圖片，道盡了爲人父母的責任所在。

人人都需要

孩子們的愛杯每天都需要被注滿，雖然有時候他們並不表現出來，實際上他們確實有這需要。

高度"I"或"S"型的孩子或許會比"D"與"C"型的孩子索求更多的愛，但是那些任務導向型的小傢伙們，實際上需要的更多。

順便一提，這個原理是男女通用的。在我們的文化中，男孩子到了五、六歲時，父母親就會隨之減少對兒子表達肢體親暱的次數。但是，男孩子仍然有親情擁抱的需要，尤其是從父親與其他男性，例如祖父與叔叔伯伯那兒獲得的。

同樣的，許多爲父的，在女兒過了青春期後，也開始與她們保持距離。這些父親或許覺得，向搖身一變爲成熟女人的女兒表達熱情，是件彆扭的事。但是，女孩子在青春期時，也一如往常般地需要父親的肢體愛意──或許需要的更多。如果他們無法從父親那兒獲得，就會轉移方向，另找目標。我寧願親自保持女兒愛杯的滿載，絕不讓那些年輕的"狐群狗黨"替我代勞。

　　有一位母親名叫芭芭拉，聽完有關愛杯的研習會後，回家就立即付諸行動。她向兩位女兒解說後，馬上問潔咪（六歲、高度"D"型）她的愛杯有多滿？潔咪回答："有點兒空空的。"於是，芭芭拉對她又抱又親了幾秒鐘，直到潔咪說："可以停了，已經漲滿到耶穌那兒了。"

　　隨後，芭芭拉又問五歲的莎拉（高度"I"型）相同的問題。莎拉擺出一張苦臉說："我的愛杯是空蕩蕩的。"芭芭拉又一把將她抱起，開始展開親親抱抱的攻勢，等待她幾秒鐘後喊停。可是她卻一直沒有開口。

　　過了兩分鐘左右，芭芭拉起身問她："莎拉，你的愛杯到底滿了沒有？"莎拉回答說："還沒有呢，媽咪。我的愛杯是又深又寬的！"

　　我相信莎拉的話正是每個孩子的心聲，不論他們承認與否！

衝突處理 14

每當夜深人靜，仰臥在枕頭上，回顧這與孩子糾纏不清的日子時，你有什麼感覺？是沮喪、恐懼、猶豫、不安、擔心、被操縱、欠疚、焦慮、氣憤、灰心、還是疑惑？你很可能同時在與許多錯綜複雜的情緒糾葛不清，帶來的只是無數沒解的問題，縈繞在腦際。到底該如何處理日子中的種種壓力與衝突。

你懷疑自己所言是否恰當，會不會太嚴厲，或是太縱容了。是不是該多體諒一點，或是該避免發生衝突？

試想，世界上大部分的人都很少、或根本未曾受過管教孩子的訓練，即使考一張駕駛執照都比成為父母還難。可是，如何克盡父母的職責，卻深遠的影響衝擊著生活中的每個層面，這不是很恐怖麼？

特別是這其中又有許多人曾飽受惡劣的衝突處理訓練。我們之所以無力解決這些自然存在於家庭的問題，就是源起於破碎的婚姻與親子間日益嚴重的疏離。

我雖無法在此提出完整的解決衝突指引——坊間有許多關於此主題的書籍可供參考——但要告訴你DISC行為模式模型將有助你進一步了解你們的衝突。在許多情況下，認識衝突的多樣性，正是解決、或避免衝突的關鍵。

第一步：了解衝突的原因

　　每個人都是與眾不同的這項事實，使得衝突無可避免。我們將不同的背景、觀點、情緒、期許、習性、文化、以及與年齡層有關的喜好帶進彼此的關係中。每當不同的人群聚一起時，遲早都要面臨衝突的。當你明白DISC系統後，就不難識出，各種行為模式間，是如何进出衝突的火花。有時是因著某種行為模式展現其特有的態度與動作，與他人反其道而行，致使磨擦應運而生。

　　指揮性強的"D"型父母與堅決性強的"D"型孩子會在這些情況下產生衝突：

● 過度重視自身利益；
● 不能忍受或對別人的需要不夠敏感；
● 犀利、粗鹵、不夠圓滑的溝通方式；
● 過度好勝或侵略；
● 很容易厭倦必要的例行工作或行程；
● 獨立、並與他人畫清界線；
● 步調太快，使別人難以跟進。

　　互動性強的"I"型父母與影響性強的"I"型孩子在以下情況中會產生衝突：

● 到處逗趣或不夠端莊；
● 多言或在別人說話間插嘴；
● 缺乏對細節或後續工作應有的注意力；
● 過於理想派或樂觀；
● 健忘又缺乏條理；
● 興奮過度或太過情緒化；

●用言語操控或在同輩的壓力下受人掌控。

扶助性強的 "S" 型父母與溫和性強的 "S" 型孩子會在這些情況下爆發衝突：

●拒絕接受改變或新觀念；
●優柔寡斷；
●欠缺主動性與急切感；
●找不出變通的方法；
●沒有主張；
●容易被影響；太信任別人；
●動作太慢，以致跟不上別人的腳步。

糾正性強的 "C" 型父母與嚴謹性強的 "C" 型孩子在這些情形下會引發問題：

●過度批評或論斷他人；
●過度擔憂；
●好管閒事、又多疑；詢問太多細膩的問題，讓人有被盤查的感覺；
●完美主義或難忍他人所犯的錯誤；
●隱藏壓抑情緒；
●缺乏社交；
●陷入 "分析麻痺" 中，進展太慢。

知道各種行為模式的自然衝突點，將有助你實驗出一些策略，使大事化小，小事化無。

另外還有三項原理能幫助你了解，行為模式的差異與相同點往往會自然而然的導向衝突：

當不同點交鋒時，衝突隨之而生。一個人的長處往往會突顯出另一個人的缺點。"呼來喚去"的"D"型，會讓高度"I"型的人倍感挫折。高度"C"型的母親會對罔顧重要細節的"S"型女兒動怒。（而"重要"的定義端由這母親決定。）父母親有時會特別與某一個孩子隔隔不入，正因雙方的模式相去甚遠，使他們無法明白孩子的獨特性。

以相同點互相競爭時，衝突也隨之而起。倘若你與孩子均屬高度"D"型，難免會興起控制權的爭奪戰；到底該由誰發號施令？同屬高度"I"型的母女二人，可能會有爭相出風頭的傾向；誰最受注目？兩個高度"S"型雖然能和睦相處，但卻會彼此推脫不前。而兩個"C"型則會喋喋不休的爭論，到底誰的做法才是"對"的。

最近我與一位父親交談。他家裡有三個"D"型的人－他太太、孩子中的一個、與他自己。你可以想像的到，一般家庭中雞毛蒜皮的小事，發生在這個家庭，就變得如天塌地裂一般。三個"D"型的人在一起戰鬥，是一件司通見慣的事。於是我就幫助他們認識了這些行為模式，但是仍然無法安撫其中這個孩子。他嘟嚷著說："我們三個都搶著用自己的方法－結果，沒有一次是照我的意思。"

要明白大多數的人不是衝著你來的，而是在為自己做。假如你是兼具"S"與"C"型的父母，一心想實踐計畫中的行程，所以這一天拼命地趕時間，因為你必須：

● 開車到店裡採購，為了要…
● 在 6:00 以前煮晚餐，然後才能…
● 提早一小時催孩子上床睡覺，接著才有時間…
● 去看租來的錄影帶，所以可以…

●及時上床睡覺，然後才能…

●頭腦清晰的在翌日早上提出重要的簡報。

換句話說，你已為當晚做了完整的規劃。可是，你那"I"型的兒子卻興致勃勃的想告訴你這一天發生在學校裡的點點滴滴，而且還打算請你幫忙解決課業上的難題。在他叨叨的講了大約十分鐘後，你終於發飆了："你難道看不出我正忙著嗎？你為什麼不自己去做功課，卻總是不停的煩我呢？"

事實上，你兒子並不想與你為敵，或是搗亂你的時間表，他只是需要找個人聊聊。他當時並非是衝著你來的，而是為著他自己，所以，請不要將他的行為視作是找你的麻煩。

珊卓莫爾文在她所著的《*認識孩子*》（Figure Kids Out）一書中寫道：

當孩子發怒、哭泣、不守規矩、嘔氣、摔門、嬉笑、或以其他任何本能的行為來滿足他們的需要時，父母與老師們往往會往自己身上想。

孩子們不是一早起床就刻意的籌算著惹父母與老師發火的點子。但是孩子們的一些本能的舉動，可能會碰觸到大人的某些敏感問題。

無論你們的衝突是來自於不同點的交戰、或是相同點的競爭，有一些方法可將問題減到最輕。我很喜歡布魯司納摩於《*埋藏在孩子心裡的需要*》（Your Child's Hidden Needs）一書中所推薦的方法：

首先，列出配偶所能提供的幫助。因為你的先生或太太很可能與你大不相同，所以能助你多方面的懂得孩子的想法與感受。

其次，徹底想一想，為什麼孩子會觸動你惡劣的反應。是不是她讓你憶起自己小時候的情景？她是否很像那個長年與你爭鬥的兄弟或是姊妹？或像你的配偶？還是她正是你發誓不要的那種孩子？不管原因何在，只要明白為什麼這孩子會觸怒你，再面對她時，就會變得更加敏感、有耐心。你也就能開口回答她，不再是對付她。

第二步：了解不同的人如何回應緊張與衝突

看看下面的圖表，你可注意到高度 "D" 型與 "I" 型的人，在緊張的時候會有發洩怒氣的傾向。"D" 型的人要求別人聽命於自己；她變得一意孤行、跋扈、駕馭別人。"I" 型的人則採取情緒和言語的攻勢，試圖抹煞別人的功勞與想法。

然而，倘若壓力與衝突持續不斷，他們就會壓抑自己的情緒。當 "D" 型的人發現勝算無望時，她會走向另一個極端，孤軍奮戰，或是藉由轉移陣地來躲避那些掌握不住的人群或環境。"I" 型的人則會為了避免失去大眾的認同，或單單為了減少衝突，而願意順應他人的期望。

"S" 與 "C" 型皆以克制情緒做為初步回應。"S" 型以容忍、妥協來配合，而 "C" 型則以退縮、忽視、或另謀他計來逃避。而且，在僵持不下的緊張中，他們也會轉變態度。"S" 型有以攻擊對方來抒發情緒的傾向，而 "C" 型則會試圖將自己的 "對"、"錯" 的標準加諸於別人身上。

對壓力與衝突的四種回應

	初步反應	持續緊張
D	命令	退避
I	攻擊	配合

S	配合	攻擊
C	退避	要求

這個圖表在兩方面有助於我們。首先能助我們預期別人的自然反應，使我們能正面而有智慧的**回應**，而非採取負面的**反應**。

知道別人會如何面對衝突，將有助你見機行事，做出聰明的決定。比方說，"D"型的父親有一個"I"型的女兒，她們間的關係可能會像這樣：

父親："你需要先把房間打掃乾淨，才能出去找朋友玩。"

女兒："爸，他們已經在等我了。不能等我回來在做嗎？"

父親："我已經受不了你不停的推拖。你現在就得做。"

女兒："傑夫出去前，你也沒有叫他先打掃呀。"

父親："那不一樣。他今天一早要去參加籃球比賽。而你昨晚就可以先做的，但是卻選擇看電視。"

女兒："你太不公平了！你根本不在乎我。"

父親："你如果不立刻去打掃，整天都別想出門。"

這是"D"型與"I"型的典型交戰方式。父親變的更跋扈，女兒也不甘勢弱的攻擊他的品格，為要模糊自己沒有打掃房間這個錯誤的焦點。假如我是這位父親，一開始對質的時候就會謹記那些行為模式：我的目標是要盡量縮短討論的時間，來避免雙方火上加油的可能，不讓自己捲入唇槍舌戰之中。

這張表也提供我們線索，識出這個人已經承受多大的壓力。如果我下班回家時發現凱倫處於"命令"的狀態，這就告訴我她今天的日子不太好過。她的正常壓力型態是"躲避"，但在過久的壓力下就會變為"命令"。除了將她的反應往自己身上想，然後以牙還牙的還擊，使大家的緊張與壓力居高不下外，我也可以這樣回應："你今天很不順，是不是？何不去休息一下，讓我來煮晚餐。"我能想些方法，給她一些空檔重新得力。（容後詳述做法。）

第三步：不要期望家人的想法或做法會與你一樣

乍看之下，你也許會以為如此顯而易見的事實，根本不值得一提。不過，你將會驚訝的發現，看起來這麼單純的期望，竟能引爆許多的爭端。

克瑞司是那種樂於承擔責任的人，喜歡動腦筋研究執行任務的做法。別人一步一步的教他做法步驟的話，會讓他感到太被呵護。他還是寧願靠自己鑽研。

隨著他的女兒潔希卡漸漸長大，克瑞司開始加給她一些家事去做。但是他無法諒解，為什麼女兒總是無法完成他所指定的工作。當他叫潔希卡整理房間時，她會心不在焉的做，而且也不將物品歸回原處。

看起來，潔希卡是需要有個人交待她每一件事的具體做法——而這著實令克瑞司感到沮喪。再怎麼說，他自己小時候也從不需要父母教他如何打掃房間。他甚至還自己計畫如何將自己的衣服與其他用品分門別類的置於不同的抽屜裡。

克瑞司最後終於領悟了這個簡單的事實，原來潔希卡的做法與想法和自己並不相同。她需要有人緩慢具體的、按部就班的將做法示範給她看。只有經此步驟，她以後才會自己做。雖然克瑞司喜歡自己去領悟，想一些具有創意的解決之道，潔希卡卻較安於遵照既有的成規來行事。於是，克瑞司知道自己需要發揮更大的耐心，以及花時間在女兒身上，給予她所需要的引導。

我雖無法完全認同文戴爾博士所著的 《*你到底想給孩子什麼?*》(What Do You Really Want for Your Children?) 書中的所有論點,但是非常同意他就家庭衝突所作的結語。他說:

> 根本說來,所有的爭執都圍繞著一個無稽的觀念在打轉——"只要你更像我一點,我就不會那麼不高興了。"這是你對周遭的人所抱持的一個錯誤的假設。人類——包括你的配偶、孩子、父母、或是其他任何人——將永遠無法成為你期望的樣子。當你發現自己正對某人感到不悅時,其實就是在對自己說:"假如你和我現在的想法一樣,我就不必生氣了。"或是"你為什麼不能照我的意思去做這些事?"

當你有辦法辨識不同的行為模式,並了解每個家人需要你以不同的方式表達愛與限度時,再想消除那個錯誤的想法就大有可能了。

第四步：為滿足孩子的需要而做調整

在第九章裡,我曾針對調整自己的行為模式提出一些具體作法,以期滿足每個孩子不一樣的需要。我要在此再度重申這一點,為能使你更加正視,在向孩子傳達你的愛時,調整自己的模式有何等的重要。

湯姆與蘇珊雙方都是快步調的人,每天都保持著緊湊的行程。他們的兩個大孩子若斯與拉娜,也繼承了父母的急性子。這四個人似乎就是閒不下來,總是在各種活動間團團轉。接著有了小么妹蜜西。她是一個"S"型的女孩,向來不慌不忙,在新環境與陌生人間,也總要花些時間才能熟絡起來。她喜歡規律與熟悉的生活,需要一個能令他感到安定與安全的居家環境。事實上,她甚至於會為了要一切保持原樣,而頑拗的裹足不前。

蜜西腦子裡向來知道爸媽疼愛她，但就是感覺不出來。她感到寂寞、灰心、不被賞識，因爲她好像無法與家人打成一片。從他們眼中的鏡子裡，蜜西看到的是一個軟弱、懶惰與了無生趣的自己。

幸運的是，當這家人認識DISC行爲模式後，一切都改觀了。他們懂得去接納蜜西的不同，不再以批評對待。她的父母也明白了神在她身上有不同的"線路裝置"，以及不同並不代表不對的道理——只是不一樣罷了。這個認知促使父母在對待她的方式上，做了許多修正。此後，每當需做任何改變之前，他們都肯花時間向蜜西說明會遇見的情況。不論是逛街、邀朋友來家裡、或是更改家庭會議的時間，他們都會記得事先告訴蜜西，好讓她有充裕的時間來適應那樣的轉變。

蘇珊這麼說："這些年來，我學會了一點，只要預先花五分鐘時間爲蜜西做心理準備，讓她了解會面臨的變化，就能爲我省下十五分鐘爭辯的時間。我終於明白，她並非爲了折磨我才拖拖拉拉，牢騷不停，她只不過是需要多花點時間進入狀況而已。"

另一位母親最近告訴我："我們實在搞不懂，爲什麼艾嫚達總想要朋友來家裡玩，或是晚上往外跑？假如我們准許的話，她一定會每晚往外跑的。我懷疑是不是自己那裡做錯了——是否在某一方面傷害了她的自尊心——因爲她似乎很需要其他的人。

"我們也試著強迫她獨自在房間裡玩，又告誡她該靜下來，學著自己找尋樂趣。但那只讓她變得氣憤不平。而今，我們接受了她原來的樣子，並且還加倍鼓勵她。她快樂起來了，而且在行爲上也令人刮目相看。我們家裡管教的問題也因此大幅減少許多。"

我們教會裡有一家人，家裡有兩個"D／I"型的男孩，隨時都活蹦亂跳個不停。每天的生活中，最叫人頭痛的一件事就是吃晚飯，因爲他們的父母無法使他倆安坐在位子上。他們反反覆覆地起身、坐下，攤在椅子上，或是摔倒在地。最後，這對父母買了兩張旋轉椅，讓這倆個孩子盡情地轉個痛快，這一來，往後的晚餐都祥和了許多。

我與兒子契德也曾有過類似的經驗。身爲一個高度"D"型的父親，我將準時上床睡覺與功課的完成視爲每日必須達成的任務。契德也是"D"型，但還參雜著一些"I"型的成分。舉個例子，當他剛寫完功課，睡覺的時間快到的時候，我會幫他測驗一下第二天要考的學科問題。契德卻會停下來聊天，或是講故事給我聽。我的當務之急是要趕快做完、趕快睡覺。他卻一心想和爸爸聊天享受一番。我怕他是在利用我，控制我，好讓他能多熬一會兒。可是，真的是這麼一回事嗎？有時候可能是真的。但也有可能不是故意拖延。他根本不想對我做些什麼，而只是按著自己的模式舉止行動罷了。

無論你對孩子的愛有多深，單單愛他們是不夠的。你的愛必須能被孩子萃取進去。孩子們非要感受到不可，這即指你的行爲模式必須隨孩子的需要做調整，更有效的滿足他們。如果你不調整自己的模式，可能就給這個"不同"的孩子一個訊息，讓她覺得自己是你的累贅，因爲自己與你不一樣，一定是自己那裡有問題。輔導室裡充斥著這樣的人，他們的父母雖然愛他們，但他們卻基於種種原因，就是無法深刻的感受到父母的愛。所以，不管你的孩子有多麼的獨特或難纏，你自己必須先做調整，一定要學習照著孩子本來的樣子來誇讚她、享受她。

第五步：給每位家人重振的機會

你可能還不知道自己背後吊了一根電源線。不是尾巴，是電線。去鏡子前照照看，它就在那兒。

為了能使你每天有效率的運作，你必須將電線插入一些特定的活動裡，讓你打起精神。你的配偶與小孩也都配備著這樣的電線。

調整自己的行為模式來滿足別人的需要，是會耗費精力的。雖然做父母的被要求改變與孩子連結的方式，以期能滿足孩子的需要，不過，只要你跨出自己的自然舒適區，進入一個不屬於自己原本的模式時，就會感到某種程度的壓力，而壓力會導致心力、情緒與體力的耗損。

體力差的時候，會缺乏耐心、變通性降低、而且更加固執。換言之，你的精力越衰弱，與人發生衝突的機率就越大。意思就是說，你越為自己與孩子找機會充電，衝突也會隨之減少。

一般說來，積存的精力會在這些情況下流失：

● 任務導向的教養模式（掌控型、謹慎型）被要求表達更多人際導向的互動。
● 人際導向的模式（影響型、穩定型）修正成偏向目標導向。
● 慢步調的人（穩定型、謹慎型）被迫加速；或是快步調的人（掌控型、影響型）被迫放慢速度。

適度的身體休息是充電的一種重要方法，但是你若稍加思索，也會找到一些特定的活動，能夠持續的幫助你減輕壓力、恢復精力，而且這些活動很可能是直屬你的行為模式。

要留意一些預警——也就是用來警示你或孩子正處於壓力

之下的症狀。通常，高度 "D" 或 "I" 型的人會變得吵鬧、跋扈、過動。"S" 型反而變得格外沉默，情緒上也跟著畏縮。"C" 型會變得吹毛求疵又滿腹牢騷——一直在困擾的事上鑽牛角尖，好像陷入惡性循環中，難以脫困而出。為自己與孩子找出這些活動，能讓你省掉許多家裡的衝突。當恢復精力被列為一項要務時，你的家人會更加安定、快樂、也比較不會為細微的小事而大加責罰。

一個高度 "D" 型的人需要燃盡她的壓力，就如同火車頭燃燒炭火一般。這是指做一些勞動——不論是打網球、剪草、在後院砌圍牆、或是清掃一大片林地。有時候甚至是非做不可的，就像她在歷經一天辦公室裡的人際糾紛後，回到家就喊著："我如果不出去運動一下，準會發瘋的。"

高度 "I" 型的人藉由交際與交談來充電。你從她的眼神中就可看出，只要將她安置於一個熱鬧的屋子裡，或是專注的聆聽她說話，就能使她重新活過來一般。

高度 "I" 型的全職母親，若是欠缺與成人的互動關係，就會浮現極大的挫折感。若冰最近在教養小組中這樣分享："我與孩子間的關係，無法滿足我在人際方面的需要。我喜歡在家裡陪孩子，他們也真是好孩子！但是我現在知道自己是一個高度 "I" 型的人，而這種人正需要與人交談與來往。所以我安排了許多與其他母親外出的機會，或在孩子午睡時，以電話來與朋友保持聯繫。我的精力比以前好多了，甚至於我先生也看出來了，並且還幫我安排更多時間與朋友外出。

高度 "S" 型的人總覺得 "閒來無事"——輕輕鬆鬆的——能重振自己的活力。這可指釣魚、洗個泡沫浴、看電視、或是與密友散步或聊天。對很多 "S" 型人來說，閒來無事就是早睡或晏起。許多全職媽媽都覺得小寐一下很有幫助，那怕會因此吃花生果醬三明治當晚餐充饑。

　　高度 "C" 型的人需要藉獨處的時間來充電。她喜歡在靜謐的夜裡，獨坐在壁爐邊看書、聽古典音樂、做作業、或是在書店裡泡一天。她需要單獨的時間來思考、整理與過濾。

　　在一次澳洲宣教旅程中，我認識了約翰賀可博士，他算得上是我所認識的人中，最有意思的一位。他屬於高度 "C" 型，喜歡深思靈命方面的問題，而且還寫了幾本書。令我驚訝的是，他有許多優異又富創意的靈感，都是當他在後院整理庭園之際所領會的。園藝工作就是他獨自隱密思考的時間。那變成了他的人生觀與著書靈感的溫床。

精力與你的孩子

　　了解孩子的精力需要也是相當重要的。當他們的精力衰退時，就會難以適應與自己行為模式不搭調的情況，也會更加以自我為中心，更難相處。但是在精力高漲時，孩子們會更有能力表達他們的優點，以及適應不適的環境。

　　想一想孩子放學回家後的情景。他們花了一天的時間與人打交道、也在書桌前坐了一天、完成許多課業、與保持安靜（希望辦得到！）。如果你不知道他們回到家後需要重新打氣的話，那就等著迎接火爆的衝突吧！

　　經過這樣的一天後，"S" 與 "C" 型的孩子會被一群群往來的人群磨的疲憊不堪。他們需要藉由獨處來恢復精力，所以會自己一人在房間裡玩、念念書、或是看看電視。不消太多時間就能跑出去玩了，不過多少還是需要一些時間。

　　請打消這孩子會一進門就向你報告學校生活的念頭。最有可能的時間應該是在睡前，他們並不打算說什麼，你卻可以耐心的提一些問題，誘導她說出來。

　　高度 "D" 型的孩子一踏入家門就準備採取行動。他們在學校苦坐了一整天，積滿了正待焚燒的精力。你最不該做的事就是要她先寫完功課才准出去玩。

"I"型的孩子會吸取別人的精力。如果她這一天在學校沒有足夠的人際交往，就有需要找機會聊天，或是跟你或朋友聚一聚。一位高度"C"型的母親談及放學回家後的衝突時，說了這個相關的故事："在辦公室裡人來人往的忙了一天下來，我準備好好靜一靜。我需要安寧與自己的空間。但是正當我打算輕鬆一下時，我那"I"型的兒子和女兒朝著我來了。（你懂嗎？這位"C"型的母親有兩個高度"I"型的小孩。對付這些孩子足以造成極大的精力耗損。）

"他們一踏進門，就準備好好高談闊論一番這一天的點點滴滴，而且是從我把他們送到學校後開始講。我擔心自己是不是有毛病，因為我會對他們叫停，並且毫無道理的吼他們。不知道自己為什麼會如此反應。

"而今我明白了，他們天生就是有乖乖坐著、認真聆聽、安靜大半天的傾向，所以需要以說話和活動來充電。但是我也知道自己需要獨處的時間，所以我們的補救方法是，一起坐著，吃一些點心，然後再聊個二十分鐘。我只有辦法聽那麼長。之後，他們就跑出去找朋友玩，等到晚餐時間才回家。這一來，晚餐以前的時間，我都可以獨享清靜，不受干擾。

一旦辨別出孩子需要何種充電方式時，你會開始在對待他的方式上，做類似的調整。

"我想不透，為什麼每回家裡有客人，莎拉就會銷聲匿跡地躲進自己的房裡，"一位母親這麼對我說。"現在，我知道她是個高度"C"型的孩子，而且需要靠獨處讓自己養精蓄銳。於是我給她充裕的時間，不在自己想說話的時候逼她說話，這樣一來，我們之間的關係也漸入佳境了。"

在另一個場合中，我幫助了一個大家庭了解他們的行為模式，以及家裡每個人之間互動的情況。

他家裡的青少年女兒瓊希禮兼具了"I"與"C"型的模式，她說："我曾經煩惱自己是否有問題，因為有時候會想離家人遠一點。（要記得，她的內心有南轅北轍的不同需要。"I"型好動，又愛與人往來；"C"型的部分卻是慢條斯理，又偏向獨斷獨行。）現在我知道，想要一個人清靜一下，有時候是好的。那表示我高度"C"型的一部分需要些獨處的時間了。"

這一家的父親問瓊希禮的弟弟班傑民，他們該怎麼做才能使瓊希禮感受到被愛呢？班傑民回答："我猜是應該認真的聽她說話。"然而，因為他屬於"D"型，再加上長年以來聽怕了這個"I"型姊姊的長篇故事，所以很無奈的加了一句："不過，爸爸，我很受不了拐彎抹角的天方夜譚。"（這不正是典型的"D"型嗎？而他又真的了解"I"型嗎？）

將重振精力視為當務之急

只要你能看出，為情緒電池再充電，可減少家裡的緊張氣氛，你就能毫無疑問的了解它的重要性。難是難在如何從你們的作息中找出時間來實行。你需要將規劃出固定而持續的重振時間，視為當務之急。

《**趕走你的壓力習慣**》(Kicking Your Stress Habit) 一書的作者唐納圖辛這麼說過："假如我們能吃半條牛、喝一大桶水、使一個月所需的養分都充分的獲得，那就太好了。事實上，這是辦不到的。我們必須每天攝取營養，以滿足身體的需要。"這話對我們精力上的需要尤其真切。如果你屬於"D"型，就一定要規劃出運動時間。如果你是"I"型，那就要刻意的安排你的時間表，安插一點可以滿足你在人際交往方面的需求。

如果你是"S"型，就會需要"無所事事"的時間來養精蓄銳一番。假如你是"C"型的人，一定要給自己保留一些獨自清靜的良辰。

很實際的是，你必須要先照顧好自己，才有辦法照顧孩子。

若是你根本記不得最近一次是在什麼時候放下一切，為自己做點什麼，或是將孩子交給褓姆照顧，自己與朋友一起外出，那麼，現在就是你該再充電的時候了。

此外，當孩子開始胡鬧的時候，用腦筋檢視一下她的精力狀況如何？她是不是需要補充體力了？而你又能如何幫助她恢復呢？

我就處理衝突所提出的許多實際建議中，這一點可能是最容易應用，也最能立竿見影的一招。

15 父母也是合夥同伴

在我的成長過程中，對父親的記憶裡，最令我刻骨銘心的，就是他深愛我的母親。每晚，他一下班進門，就向廚房直奔，然後雙手將母親環抱，獻上深深的一吻，並向她吐露愛意。這一幕至今仍歷歷在目，彷彿就是昨日。

想起童年，就覺得父母給了我一份上好的禮物：他們讓我看見，即使是兩個非常不同的人，也能在愛與合一的基石上廝守。

這雖然是一本有關養育的書，但我很清楚一點，如果你想做個更好的父母，堅固你的婚姻應該是一個極佳的起跑點。

美國德州的達拉斯田博隆心理研究基金會發現，要使孩子正常的成長，必須有健全的父母，秉持彼此相愛的心，結合在一起。"無論你直接對孩子說什麼或做什麼，都比不上一個功能健全的婚姻，能使孩子沐浴在燦爛的美景中。所以他們長大後也是堅強、健全的，"田博龍的指導員約翰歌賽這麼說："而一個爭執不休的婚姻，會將孩子浸在極具殺傷力的悲慘烈焰中。"

要使孩子感受你珍惜他們特有的風格前，你必須先認知並欣賞配偶的種種優點，而且肯接納他與自己不同之處。

了解DISC行為模式，不但能助你成為更佳的父母，還能使你的婚姻更加穩固。這將是你婚姻上空前的重大發現。

我娶了什麼樣的女人?

　　我與凱倫斷斷續續的交往過四年,但是直到我們結婚後,我才發現這個驚人的事實:凱倫很古怪。她不怎麼正常——至少不像我當時一般。

　　一切要從我們新婚之夜開始說起。我們在七月舉行婚禮的那一天,氣溫高達華氏一百度。當晚,我們一抵達佛羅里達州,進了海灘旅館,就立刻把冷氣開到最強。當我在淋浴的時候,凱倫卻冷的發抖,於是將冷氣關掉了。等到我從浴室出來時,立刻又是滿頭大汗,於是又將冷氣開到急冷。

　　當夜我們發覺,原來我們倆的內在體溫計毫不搭調。這為我們的蜜月旅行帶來了一個有趣的開始!那時候我還沒警覺到,不過這經驗卻為我們後來共同生活的日子撒下了預警。

　　不久後,我們開始佈置新家。當一對年輕新婚夫婦著手買傢俱時,麻煩跟著就來了。凱倫喜歡知名傢俱店裡的精品,而我對那些名店竟沒有半點概念。這才又發現,凱倫和我的品味相去甚遠。

　　我們的理財觀也是截然不同。我是為花錢而賺錢。她是為存錢而賺錢。我可不想被工作搞得天昏地暗,沒時間享受人生。而她卻深怕到了六十五歲,才赫然發現身無分文。

　　結婚前,我若有幾張支票遭到退票,只要換一家銀行,重新開戶就沒事了。而凱倫只要一收到銀行的對帳單,就會興高采烈的拿支票簿出來核對,確定毫無差錯。

　　我的岳父是一位退休的陸軍中校,他向來以勤儉持家。直到現在,每回探望他時,他總在埋首苦幹——像是安裝新廚櫃、更換浴室裡的照明、或是在庭院裡重新做造景。

　　凱倫步了他的後塵。她若是不把傢俱重新修飾一番、開關一塊新花圃、或是親手爲孩子的房間做窗簾，就會一副鬱鬱寡歡的樣子。

至於我父親，他從日出到日落忙著蓋房子。所以當他回家後，最不想做的事，正是房子上的事。據此，猜猜看我像誰？對我來說，家就是休息與放鬆的地方。

你可以想像到，我和凱倫婚後所經歷過的衝突。凱倫無法理解爲什麼我不願做房子方面的事。再怎麼說，那是她的愛好，而且也是她父親（她心目中男性的榜樣）所熱衷的。

我們倆的差異不止於此。凱倫與我各擁不同的內在動力。不論任何約會或事務，我總喜歡提早到，凱倫卻通常是遲到的。她出門前，一定要確定一切都沒問題，而這是要消耗時間的。

假期中，凱倫喜歡悠哉遊哉的駕車，沿路到購物中心逛街，再找家旅館輕鬆的度一宿。對我而言，樂趣是從抵達目的地才開始；途中算不上是度假，而是無法省卻的勞苦。我就曾一口氣開了二十二小時的車程，箭一般直奔到家。更且，爲要節省路上如廁的時間，我還帶了空玻璃瓶在車上，因而名噪一時。

神的介入

不知怎的，我倆在婚前對這一切竟是如此盲目。我想我們是一對典型被愛沖昏了頭的夫妻。就在蜜月後，到第一個孩子出世之間，我們才大夢初醒的驚覺："我們**實在太不一樣了。**"而且，這些差異使我們之間磨擦不斷。

十多年來，我真的一直以爲，只要凱倫多像我一點，她就會更快樂，我們的婚姻也會更美滿。同時，她當然也是這麼看我的。於是，我們點點滴滴的彼此切磨，試圖將對方再造成自己的樣子。

　　還好有神及時的介入。因著參加附近教會的領袖訓練，我接觸到DISC行為模式課程。我們當時使用稱為個人行為模式認知系統教材。後來，我將之應用在婚姻上為文著書，由卡爾森學習公司出版，被稱為**夫妻行為模式**，有助夫妻倆看出他們的相同與差異點。（這個行為模式量表，可在卡爾森學習公司的代理商約明企業公司TEL:886-2-27554021取得。）

　　根據凱倫與我的行為模式，我們畫成這個圖表。（黑點代表我；白點代表凱倫。）不難看出，我們倆真是有天壤之別。

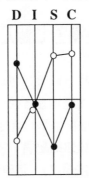

　　我雖早就知道我倆不一樣，但是現在有了客觀的佐證支持。因此，從前許多摸不著頭緒的衝突與緊張，突然都有了明確的定義，使我們可以就之討論。例如我倆在步調上的快與慢，就已被當作是我們行為模式的典型表現。

　　對我們來說，這項資料猶如悶熱炎夏後，第一道爽神的秋風，我倆間的關係，從此起了變化。

● 除去我們向來以為只有一種"正常的"存在方式的想法。
● 更深入認識自己——是神精心製造的獨特人物。
● 知道我們有那些相同與不同之處，以及它們是如何的影響我倆的關係。這樣的認知，能使我們預期潛在的衝突，因此能在衝突發生時，不致盤旋於表面的現象，而是深入探究根本的議題。

●我們不只開始接納對方，而且會欣賞、珍惜我倆的差異點。這更促使我們成為神心意中的樣子。

而今，我可以選擇：A)為自己著想，堅持要凱倫改變得更像自己，或是B)為她設想，所以懷著愛心，自動自發的調整自己。想要有歷久彌堅的婚姻，相信B項答案應該是明智之選。

用DISC使婚姻美滿的七個方法

過去六年中，我們一直努力想在婚姻上合一。然而，合一並不表示一模一樣，而是指在多樣性上的連結。在這努力過程中，我們發掘了七項強化婚姻的實用方法：

首先，**下功夫了解你的配偶**。彼得教導做先生的要"以理對待你的妻子"（彼前三：7）。這項理論也適用於妻子身上。彼此了解是減少婚姻磨擦的第一步。

波爾突尼耳在他所著的《彼此了解》（Understanding Each Other）一書中說："有愛的人自然了解人心，了解人心的人就會有愛。"感到被了解的人，就能體會到愛。而感受到愛的人，當然也會感到被了解。"

愛與了解之間，肯定是環環相扣的。假如你的配偶感到不被了解，他就感覺不到愛。埃倫兼具"S"與"C"型，是一位大學教授兼作家。他喜歡浸淫在靜謐的閱讀與沉思中。他的太太蘇珊恰好與他相反，是高度的"D"與"C"型，她屬於勤奮活躍型的人，喜歡按著計畫做事，每完成一件，就從"待處理事項"單子上刪去。當蘇珊工作繁多，卻又力不從心時，她會將埃倫列為助手。"反正你也沒事做,"她宣稱,"來幫我掛這些畫。"

沒事做?你想埃倫會做何感想?感到被冒犯…與被誤解。了解配偶的確就是要發掘他到底與你有什麼獨特不同之處。正如你需要作孩子的學生一般,你也要成為配偶的學生。寶拉萊哈特曾這麼說:"大家都漸漸了解到,我們結婚的對象不可能天生就有與我們相同的想法與做法。他是另一個不同的人,一個值得去推敲的謎樣人物。"

一天晚上,我們教會的一位長老邀請我去聽爵士吉他音樂會。節目進行約三十分鐘時,他靠過身子對我說:"坐在後排說話的那些人,有沒有打擾到你?"

他不說我還不覺得,但是從那之後,我就注意到那些人的耳語,不停的發出吵雜聲。"各位,如果你們想說話的話,希望你們不介意移一下位子。"

那個人回答:"噢,對不起!因為我太太雙目失明,所以我在向她說明舞台上的情景。"

我倆頓時對看了一眼,隨即滑坐下去,直覺得自己很蠢。這真是態度上的急轉彎。

是什麼導致這樣的轉變?就是當我們了解事實的真象時,我們的厭煩與批判都隨之溶化了。

在你致力於了解配偶時,也會發生這種態度上的轉變。花點功夫去研究你另一半兒的心情、癖愛、好惡、優點與缺點。記下來什麼會使他高興,什麼會讓他生氣…什麼情況下需要打氣。

你是永遠別想從這門功課上畢業的,不如將自己當作一輩子的學生吧!

其次,**接納配偶現在的樣子**。你需要將這個真理刻在心版上:不一樣不是錯,…不一樣就是不一樣。

　　你需要選擇以愛心來接納配偶的差異點，並且不預設改變他的進度。

　　在最近一次研習會結束後，一位婦女爲自己豐富的收穫趨前向我致謝。"這個課程幫助我了解我的女兒，"她說。"海瑟是我的翻版——並不是我刻意造成的，而是她天生就是那個樣子。"

　　她又接著說："然而，這個研習會最好的地方，就是幫助我了解自己與接受自己。我先生一直說我瘋狂。他說世界上沒有任何人會有像我一樣的想法。而今我終於明白，自己一點問題都沒有，事實上，世界上有太多像我一樣的人了。"

　　我爲這女士從學習中對自己獲得更進一步的認知感到高興，眞希望當初她先生能與她一起參加研習會。

　　另一位固步自封的男士，在會議評估單上這樣寫："我很訝異世界上有那麼多像我太太一樣的人，應該有專屬她們這一類人的郵購目錄了。"

　　以上這兩位先生，都需要按著太太本來的樣子接納她們，也需要明白不一樣就是不一樣，那並不代表是錯的。如同其他每一對夫妻一般，他們需要不斷清楚的傳達出："你不需爲博得我的愛而改變自己，只要做你自己就行了。"

　　第三，將你對配偶的觀點，回歸到"婚前"。你當初之所以會愛上另一半，是因爲他有某些長處與個性特質。比方說，一個年輕女性在婚前可能會愛上"D"型的男性，因爲他敢做敢當、獨立、堅毅、又有勇氣。可是，結婚後可能就難忍他負面的性格。這時候再看他，似乎是既沒耐性、不替人著想、頑固、又鹵莽。

　　可雷斯"（I／D）"是個愛熱鬧的推銷員，隨時都有說不完的話。媚瑞"（S／C）"卻比較保守，人一多就渾身不自在。她一見到可雷斯就深深被吸引住了，因爲他充滿了自信。她覺得可雷斯是那麼的活潑外向、深具魅力、能言善道、又滿腦子的聰明。

　　結婚六年後，媚瑞拖著極端消沉的心情來接受協談。她要的是一個完美的婚姻，但是可雷斯卻無法“做到”。她每天準時備妥了晚餐，他卻總是晚歸，而她會將他的遲延視為對個人的污辱。她不相信他不像自己這麼有時間觀念，所以就覺得他是故意遲到的。不過，媚瑞並未與他討論這個問題，因為她不想引起磨擦。

　　和可雷斯一起出席幾次宴會後，她發現他反覆著同樣的笑話。同時，她也已厭倦每次聚集都要花三十分鐘的時間，將他從人群中拉走。可雷斯不但毫無去意，還會因她不像自己那麼盡興而不悅。

　　當可雷斯吐露他的想法時，又完全是另一幅圖畫。“媚瑞是一個甜美、又心地柔軟的女孩，這些都是我所鍾愛的。但是，自從我們婚後，她有大半的時間是消沉沮喪的。從前她總覺得我很有趣——其他的人也都這麼認為——但是她現在已經厭倦我了。

　　“我如果晚十分鐘回家，她就會悶悶不樂。她似乎無法體會做一個推銷員的辛苦，我怎能為了配合太太的時間表而催促顧客。我覺得好像是和我媽結婚似的，而且自己永遠是個不聽話的壞小孩。”

　　這種問題都出在觀點上。媚瑞一心要保持固定的作息，照時間表行事。可雷斯卻是個重人際的人，一不小心就讓時間給溜走了。這種公說公有理，婆說婆有理的現象是肇因於完全不一樣的觀點。

　　正如你在第十章所學的，在你心愛的人身上許多令人難忍的特質，正好就是你最青睞的優點的另一面，是優點的過當表現。所以，曾經為他著迷的地方，如今倒成了眾矢之的。

　　時間與熟悉度會使你漸漸的只見對方的缺點，而無視他的優點。何不翻一翻你們的結婚照，回歸到婚前的眼光中。

　　第四，**每對夫妻的搭配，都存有潛在的問題**。大家都聽過異性相吸的說法。當我們看見另一半的優點時，也會覺得能與自己相反互補的人結合，會是很好的資產。然而，即使兩個迥異的人會互相吸引，最後也可能會彼此攻擊。當夫妻在DISC四類中的任何一類中有差異時，就有可能會出問題。

　　高度"D"型與低度"D"型結合的夫妻，會在決定方面啟爭執。高度"D"型想要當機立斷，而低度"D"型卻延後決定。高度"D"型有一意姑行的傾向，低度"D"型喜歡以民主作風來做決定。

　　當高度"I"型與低度"I"型成婚後，多少也會經歷一些緊張的局面。一般說來，高度"I"型說話比較一般化。而低度"I"型就比較有所保留、不輕易表露自己的想法與感受。溝通上（或是缺乏溝通）會是衝突所在。低度"I"型覺得高度"I"型膚淺；高度"I"型認為低度"I"型不善表達。

　　高度"S"與低度"S"型的組合，容易在變動的議題上戰鬥：高度"S"型希望維持現狀，而低度"S"型則較隨興，喜歡為改變而改變，以增添情趣。

　　高度"C"型與低度"C"型的夫妻會為細節問題糾纏不清。高度"C"型比較警覺、謹慎，並按事實做決定。他們之間的磨擦也時而發生，因為低度"C"型有憑直覺反應的傾向，並且較不重小節。

　　許多婚姻衝突的產生，是因為我們不樂見配偶具有與我們不同的優點。我們若不了解，就無法欣賞。我們不了解的，也往往使我們推諉。這種關係不但令人困惑，甚至會觸怒或威脅我們。這就是為什麼了解你的DISC模式，能使你們進入更加彼此關懷的關係裡。

　　有些婚姻是異性相吸，但也有些是"物以類聚"。有時候，類似模式的人會在一起，是因為他們有處世風格相同的傾向，並且為此感到滿意。但是再怎麼說，這樣的婚姻也會有糾葛的時候。

　　當夫妻雙方都是高度"D"型的時候，他們會有明確的共同目標與做法，但是卻會為爭奪控制權，而歷經狂濤巨浪。

　　兩個高度"I"型的人在一起雖樂趣無窮，但卻又爭著"出頭"。他們會為了不落人後而跨越對方。誰比較好看？誰是焦點人物？他們也會因忙於外務而忘了花時間在對方身上，危險地發展缺乏親密基礎的膚淺關係。

　　兩個"S"型的夫婦雖然能在訂定生活作息、與維持家庭的安穩上達成共識，但是因為彼此等待對方做決定、擔責任，以致在他們所渴望的安祥、無戰事的家庭中掀起衝突。優先權是他們之間爭執的議題。誰來做主？誰肯冒險擔當？兩個高度"C"型的人也許對追逐至善的看法一致，但也會在能力的競爭上受困：誰的做法才對？還有，因著分析性的思維，他們把一些爭執看的太嚴重，而轉變為冷戰，彼此相互批判對方的價值觀與動機，使得衝突越演越烈。

　　不論你們的婚姻是那一種模式的組合，最要緊的是要有這個約定：雙方願意共同努力，改進這場婚姻。

　　在一次夫妻研習會後，一位女士將她自己與先生的"夫妻行為模式"得分拿給我看，結果是他們在各方面都是相反的。她問我："我們是不是乾脆放棄算了？我們實在是太不一樣了。"於是，我向他們解釋了以下的論點，而這論點也從此變成每一次我參與的婚姻研習會的基本原理：

　　在婚姻裡，搭配已不是問題，委身才是主要的議題。

　　任何兩個相愛又彼此接納的人，只要肯共同努力，就能擁有美好的婚姻——隨著時間在進步。那不再是靠你們倆有多相像或多不一樣來決定，而是視你們有多大的意願而定。

第五，**不要將另一半的行為往自己身上想**。這一點聽來很耳熟吧？應該是如此，因為我已在前一章談及這一點。然而它值得一提再提，因為只要能了解這個簡單的原理，許多婚姻問題都會變得無關緊要了。

當你了解配偶的行動是源自於他天然的模式，而非存心以計謀來激怒你或是冒犯你，那麼他的行為舉止就不再被解讀為威脅或是污辱。

這個觀點是我在幾年前從一次治療過程中領悟到的。這對夫妻幾乎在各方面都神似，除了一點以外。梅根是高度"I"型，嘉克是低度"I"型，他們在婚姻方面面臨著極大的壓力，他們將之歸咎於嘉克繁重的工作與他們拮据的財務狀況。

當我查閱他倆的圖表時，我懷疑他們的問題內有隱情。"梅根，我猜你在這場婚姻關係中，有一種被冷落的感覺。"她回答："你說的沒錯，這正是我們婚姻中的問題。"

我隨後看著嘉克說："我想你已經悶的發慌了。"他說："這才是我們間真正的問題。"他們雙方都難以置信我竟能如此迅速的正中要害。

梅根這個高度"I"型的人，遇到壓力就想說出來。這使得嘉克很煩悶，因為他處理壓力的方式是步入林間，徹底想清楚。猜猜看梅根會做何感想？對，被拒絕冷落。

當我向他們解說"多數人行事並非存心朝著你做的，而是在為自己做，"的原理時，我幾乎可見他倆頭頂的靈光一閃。她們終於露出了微笑，緊吊的雙肩放鬆了，倆人也深深的歎了一口氣。抱持這新的觀點後，他們彼此都變得更願意去滿足對方的需要。

第六，**學習調整自己的模式，來滿足另一半的需要**。不要只期待著配偶的改變，你先主動出擊，調整自己來滿足他的需要。

當嘉克與梅根明白對方的行為並非是煞費心機所設的人身攻擊後,他們更能在彼此關係間,隨意做有益的調整。梅根開始讓嘉克有單獨的時間過濾自己的想法與感覺,而嘉克也同意在思考過後,立刻與梅根談話,好使他們能說出問題癥結,並做出決定。

對多數人來說,改變似乎是一個折磨人的觀念。我並不是說你天然的模式有什麼差錯,所以需要休正,而是說你應該試著以最接納別人、肯定別人、與鼓勵別人的方式與人相處。

這項做法是要你超越自己的需求去滿足配偶。這是我所知道最能實際行出腓立比書二:3-4這項命令的方法:"凡事不可結黨,不可貪圖虛浮的榮耀;只要存心謙卑,各人看別人比自己強。各人不要單顧自己的事,也要顧別人的事。"改變配偶並非是目的,但是婚姻將會改變你。你會變的更不自私、以他人為中心、也願意調適自己來滿足他人的需求。

最後,**要記得是神將你們結為團隊,而你們的差異性會使這個隊伍更堅實壯大。**神將你們結合在一起,不但使你們彼此更完全,同時要成就祂在你們生命中的計畫。

神當初造了人,隨即發現有不妥之處。"那人獨居不好,"神說。"我要為他造一個配偶幫助他。"(創二:18)於是就精心為亞當創造了這獨特的女人,成為他的幫助。

如果你與你的配偶非常不一樣,那麼你們倆管教孩子的態度也會不盡相同。我有個朋友最近告訴我,一天他下班回家時,赫然發現五歲的兒子爬到自己的廂形車頂上,手裡拿著槌子,正準備將一塊木板釘在車頂上。這位兼具"D"與"C"型的父親,本能的一把將兒子從車頂上揪下來,立刻要加以處罰,免得他以後再犯。

他把兒子夾在腋下,大步跨入屋內時,迎頭遇上他太太。

這位兼屬"I"與"S"型的太太的反應是，"噢，你曾告訴過他不可以在車上釘釘子嗎？"他的回答是，"沒有，但是有些事情他本來就該知道的。"他們不一樣的模式就此浮出檯面。這時，他要這個小木匠在房間裡關半天禁閉，而她覺得應該要饒了這孩子。

這倆位父母面對這相同的情況、同一個孩子、同一件事故，但卻得到相反的結論。爸爸要定他的罪，媽媽想悉心培育他。身為父母，他倆合力的效果會遠勝過單刀獨鬥。最後，這位父親決定斬釘截鐵的對兒子解釋為什麼那是不當的行為，並且警告他，若是再犯，就要加以處罰。

能彼此了解、接納、與欣賞對方與自己的相同點或差異性的合夥人，必能成為教養有力的父母團隊。

珍惜不同點

調整自己去適應另外一個人，特別是行為模式與自己截然不同的人，實在不容易，也不是馬上就做得到的。但是就像任何珍貴的東西一般，它為你們的關係所帶來的益處，是絕對值得大力投資的。

畢爾與凌亥勃發現了這個論點，並將之公諸於他的書《對神誠實》（Honest to God）之中：

從前橫亙在我倆關係間的差異點，而今都成為我們所珍惜的。凌和我若是早知道我們倆沒有誰比較好、誰比較差這回事，只是不一樣的這個事實，我們就可省去太多的困擾了。當你肯接納，並且不再對那些差異作道德批判時，就為可行的協調開了一扇門。最後，你會在從前存有分岐的差異點上喜樂歡呼。

凱倫與我不停在學習如何使我們間的差異不成為包袱；那

些正是神用來堅固我們這團隊的要素。

　　我需要凱倫注意細節的特質，而她需要我高瞻遠矚的能力。我需要她在組織與安全上的認知；她需要我的隨機應變。她欣賞我當機立斷的本事；我則欣賞她警覺的一面。我開始學習爲退休儲蓄；她也在學習用錢。（這一點，我可能贏不了她！）我們在傢俱方面的品味也開始融合了。我還是想放鬆自己；她仍舊喜歡整理庭院。

　　但是，我們之間的差異將我倆都改頭換面了！凱倫綻放成一個十足的女人、妻子、母親，甚至還迫使自己走出她的舒適範圍，在家庭生活婚姻會議中與我一起演說。而我也在學習需要凱倫的長處。她將我所欠缺的特質，帶進我的生命。她警覺的天性就曾無數次的提醒我慢下來、再仔細詳查一番、並且爲我省下爲數不小的財富。

　　我們的差異也幫助我們變成管教更有效果的團隊。她比較偏向扶助／糾正性強的 "S／C" 模式，是我這指揮性強的 "D" 型的最佳平衡。她和緩的步調帶給這個家安定感，而我快速的作風，讓我們更快抵達目的地佛羅里達州。

　　或許我也能和一個與我的模式更相似的人結婚，但是，自從我遇見凱倫，就知道她是我的最愛，是神賞賜給我的禮物。

　　即使至今她還是不停的把冷氣關小。

後　語

在孩子設計研習會後，偶爾會有父母趨前對我說："可是，我根本不要想這麼多，我只要孩子好好聽話，叫他做什麼他就做什麼。"

真能如此就太好不過了，不是嗎？可惜那是行不通的，相信你自己也心知肚明。教養孩童，無庸置疑是一件苦差事，誠如治療師維姬莎悌所言：**我相信管教是世界上最艱鉅、複雜、令人焦躁、又嘔心瀝血的生產性工作。**

但是在結尾之前，讓我提醒你這個異象。我們提過箴言二十二:6指示父母們要按照孩子的本性培育他們。先前也提過，要想做的好，就必須知道神在你身上的設計、以及孩子與眾不同的特質。務必要做孩子的學生，查驗出孩子行為舉止背後隱藏的性向。

我最摯愛的基督徒作家是恰史溫道(Chuck Swindoll)。過去的十多年裡，他的真知灼見與睿智，一次又一次的教導、激勵著我。在他的著述《堅實的家庭》(The Strong Family) 中，將我們論述的要點，強有力的綜括如下：

談到養育孩子，要發展一個堅實的家庭，使歡樂與和諧湧流其間，有一個最重要的起點：**了解你的孩子**。就養育這個主題而言，這是我所能傳遞的，最為深切的洞悉、與最獨一有益的祕訣。"

數頁之後，他又作了進一步的說明，論述更形精闢：

在我早期的著述中，有一本名為《你與你的孩子》。我當時以較今更為細膩的手法呈現這些原理。

之所以這麼說，是因為從我首度將這觀念公諸於世，至今已超過十五年了。當時我的四個孩子還小，我與妻子欣西雅著手將這尚在萌芽與理論階段的原理付諸實行。現在，這四個孩子都已經二、三十歲了（其中三個已婚，並育有自己的孩子），最小的還在求學中。這四個孩子已不再年幼。我們間或有機會查看從前提出的觀念是否還適用，我滿懷感激的對大家說，它們仍然奏效！而今我們有充裕的機會，在每天滿了嚴酷考驗的生活中試用這些原理，我興高采烈（也鬆了口氣）的宣告，神的教導已見成效了。這些原理已值回票價了！

（他所說的觀念與原理，也是根據箴言二十二:6，稟持與本書相同的基礎前提，也就是要了解你的孩子。）史溫道接著又闡述了關鍵性的觀念：

如果有父母問我：＂什麼才是我們能給孩子最好的禮物？＂我的忠告是給他足夠的時間去發掘自己是怎麼被組合的。幫助你的孩子知道自己是何許人也，並與孩子一起討論。幫助他們認識自己，使他們能按照原來的樣子愛自己並接納自己。然後，即使他們步入一個千方百計要改造別人的社會，他們仍能保有自己的本色，並能獨立堅守與神同行的心志。

他以這樣的話作為總結：

我開始明白，要描述一個安定、成熟的人，沒有比這更貼切的字眼：他們知道自己是誰…，他們喜歡自己…他們我行我素…他們很**真實**。＂

還有誰能比這位＂證道家＂陳述的更貼切呢？

這是聖經中的異象：認識你的孩子、接納孩子、並幫助孩子認識自己。這就是按照孩子的特質來養育的真意，也是要使孩子帶著神所賜的設計長大成人所當付出的。誠如本書開章明義所述，教養之道的範疇，比我們在短短數頁間所能討論的要廣多了，但是，無論如何務必要從此開始。

我相信DISC模型提供了一種描述孩子們不同特性的方法，並以非常易懂的方式表達，教導我們如何調整自己的模式，更能滿足孩子的需要。

按著設計來因才施教的做法，雖然費時又費力，而且最重要的是要有心，但是這些理念與原理都是可行的。我深信它所帶來的結果，絕對是值得的。

四十個反映給
孩子看的優點

附錄A

　　在第十一章中，我曾論及孩子的自我形象大多是根據你所給他的反映，因此，你的責任就是要強調他正面的優點，並使用描述式的讚美，讓他看見神在他身上的設計是何等的美好。

　　在這一部分中，你將發現四十個不同的行為特質——"D"、"I"、"S"、"C"中每一種模式各有十個。每一種特質都附加了一些鼓勵的話語，可以用來肯定孩子、或其他任何具有這種特質的人。這些話語是以對孩子說話的口吻呈現。同時，我也加注了一些簡要的有關缺點——亦即優點的極端發展——可在糾正孩子時派上用場。

　　平日生活中，務要多找機會，充分針對這些優點來激勵孩子，並且切記這只是一種工具，其他沒有什麼可套用的神奇公式。不妨試用一下這些推薦給你的範例，進而發展出自己的一套做法。

　　此外，也請留意這些話是*怎麼說的*，而不僅止於*說些什麼*。這些性格上的優點，有的已顯而易見將成為孩子未來的助益，至於其他的特質，也附帶了相互制衡的優點。在你運用描述性的讚美時，要隨機變換說話的口吻，免得你的鼓勵聽起來千篇一律，一點兒也不新鮮。

　　請將四十種特質全部閱讀，而不只局限在自己孩子的主要模式上。別忘了，每個人都是不同模式的綜合體，即使你的孩子是高度"I"型，你也可能會在"D"型，或其他模式中，發現他所具有的某種特質。

更且，因為人類的舉止行徑也隨時在變，所以往往也會發覺孩子表現出其他模式的行為優點。果眞出現的話，務必在心裡與言語上加以肯定，讓孩子知道，發展自己本能以外的才情，並非是不可能的事。

以下大部分的資料，是節錄自衛思尼爾所發展出的兩項資源：“欣賞寫照的七十個正面特質”與“由缺點轉向優點”。我為衛思允許我採用他的資料而深表感激。如果想進一步了解「欣賞」一文與衛思的事工，請洽：Champions of Excellence, P.O.Box 627，Branson, MO 65616。Telephone: 417—334—7037.

DISC系統摘要說明　附錄B

模式	D	I	S	C
基本傾向	快步調 任務導向	快步調 人際導向	慢步調 人際導向	慢步調 任務導向
最大優點	行動果決 主控 重成效 自信 獨立 愛冒險	重情趣 參與他人 熱忱 情緒化 樂觀 善溝通	有耐心 隨和 重團隊 穩定作用 穩重 貫徹者	精確 分析 注重要點 重細節 高標準
先天受限	沒耐性 固執 尖銳鹵莽	欠條理 不重細節 不實際	憂柔寡斷 過於妥協 過於被動 敏感	吹毛求疵 完美主義 好諷刺
溝通	單向 直接 要結果	正面良好 發人深醒 能言善道	雙向 最佳聽眾 堅決有力 善於回應	機智圓滑 觀察入微 提供細節

模式	D	I	S	C
恐懼	被利用	失去大眾的認同	喪失穩定性	攪擾的行為被批評
愛的語言	欽羨	接納與贊同	欣賞	肯定
在壓力下	專制獨裁 侵犯 發號施令	情緒失控 (但會避開正面衝突)	默然承受 忍氣吞聲 配合	逃避退縮 謀畫還擊
視金錢為何種工具	權力	自由	示愛	保障安全
決定	迅速 重績效 不重事實	衝動 憑感覺	關係上 信任他人	怯步 需要收集大量資訊
最需要	挑戰 變化 選擇 直接答案	情趣活動 社會認同 不拘小節	穩定性 適應變遷的時間， 真誠接納	足夠的時間來達成任務 實情 分析的時間
振奮	體能活動	社交時間	"閒來無事"	獨處時間

*節錄自查爾士包宜所著家庭行為模式認知手冊。
卡爾森學習公司發行。©1991特准使用。

高度D型值得誇讚的特質

果敢

當別人猶豫不定或閃躲的時候，你卻肯採取行動。像你這樣勇往直前的人，不需要別人反覆提醒就能迎向挑戰。實際上，你能從處理難題的過程中，獲得很多樂趣，並且會把它視為提升自己能力的挑戰。果敢再加上敏感的體會別人的感受，將會是一個很大的優點，尤其是用在滿足他人的需要時。

相關的缺點：不夠敏感、缺乏同理心。

有決心的

成功的人共同具有的重要優點就是決心，也就是說，當你定意要做某件事時，不達目標，絕不中止。過程中當然會有許多障礙，但是決心總能有辦法超越與克服。

敞開胸襟，接受更好的觀念與做法，將對決心大有益處。如此一來，你就不會像那些頑固的人說："不論如何，我一定要堅守原來的計畫，"而會隨時歡迎有助達成任務的各種計畫與想法。

你的決心也能啟發別人，因為那顯示出神有辦法使人更精明的想出克服攔阻的方法。

相關的缺點：過度承擔、蠻橫、倔強。

勤奮

你決定要做的事，就會認真努力以赴。有些人滿懷雄心壯志的開始做事，但卻缺乏努力到底的能力。你卻能不斷工作、堅持到底。這就是為什麼別人總是信賴你，知道你會盡己所能、全力以赴的原因。這個優點能使你所做的事盡都成功，因為你不達目標是不會停息的。

相關的缺點：單一目標、過於沉溺在個人利益中、從不放鬆自己。

有勇氣

你認為該做的事，就會勇往直前。遭遇危險時也許會害怕，但是只要你相信是對的，就不會放棄，因為那是你一心想要的。

其他的人雖有雄心壯志，但是遇到困難險阻，就一蹶不振。你卻不是如此。你具有堅定的信念與在必要時孤軍奮戰的意願。若能將神所賜的勇氣與冷靜的思考相互平衡，大家會仰慕你的精神。

相關的弱點：無法無天。

果斷

你不像別人會因疑慮而搖擺不定，你總能做出決定。因為你有能力看清事實，再根據手中握有的機會，擇取最佳的選擇。

果斷並不代表你做決定都很迅速，也不是說你的決定草率，而是指你一旦做了決定，就會一步步往前行，也不覺得有回頭或懷疑的必要。即使最後發現這決定是錯的，你也能坦然視之爲一個錯誤，並從經驗中學習。

將來，這個特質能讓你帶給周遭及共事的人安全感，並且信賴你。唯一要牢記的是，可能別人也希望參與在決定的過程中，尤其是那些會受到這決定波及的人。

相關的缺點：固執、過於獨立。

重目標、有理想

每個有成的人，都是有理想的。那表示你有能力在自己的行動上認清方向，不會漫無目標的耗費精力；你的行動總是對準了成果邁進。你有自知想要得到什麼結果的優點，並能發展出達成目標的行動策略，又確實做到。雖然其他人會大肆聲張自己的理想，但你是以實際行動表明，成果也很豐碩！

你是有所爲而爲，將精力與行動對準自己的抱負。因爲你是一個事務導向的人，所以一旦定意要做的事，就會傾全力投入。

相關的缺點：缺乏彈性，強求。

堅忍

你有忍受艱困與克服障礙的能力。每個人遇到惡劣的環境，都會在觸及忍受極限時爆發，可是，你的忍受度不像一般人短促，那麼的容易一觸即發。即使你已經感到疲憊，或是幾乎想放棄，總還是有辦法堅持到底。總之，你就是有股內在力量，或是因著你對神的倚靠，幫助你繼續前進。

相關的缺點：好勝心過強、慢不下來。直率、坦白直率。

坦白的意思就是說，你不但誠懇，而且與人交往會有話直說。
他們無需猜測你的想法——你自然會告知！

　　當別人逢迎奉承、或蓄意蒙騙的時候，你的坦率卻是一種清新的特質。大家都信任你說話算話。只要你能有效的善用這優點，就會發現很多人都大為讚賞你的肝膽相照。

　　相關的缺點：不圓滑、鹵莽、犀利、不尊重、兇惡。

自信

　　你對自己的能力，有自知之明，而且非常清楚自己最拿手的是什麼。因為你有自信，所以深信自己能為別人貢獻良多，並能運用自己的優點，改造周遭的世界。

　　你的自信使你能不懼他人的看法，放膽投入所從事的事務中。這也使你在犯錯後，不至於一敗塗地。像你這種不怕犯錯的人，成功的機會很大。要牢記在心的是，當你能以謙和來平衡你的自信時，將會成為眾人的榜樣。

　　相關的缺點：自恃、傲慢。

機智

　　你處理問題明快有效。有些人遇到潛在的困難就逃避，但你不會這樣。這並不是說你喜歡找麻煩，只是你對難題有獨具慧眼的做法。逃避困難的人覺得問題不值得補救，而你這個機智多謀的人，卻對問題有正面的看法－是尋找解決之道的機會。有時候你會從已有的資源中找方法，否則就自己規劃獨特的解決處理方式。總之，你是一個解決問題的高手，在這個時代裡，這是一種非常寶貴的優點。

　　相關缺點：過度獨立，詭詐。

高度I型值得誇讚的特質

重視人際關係

毫無疑問的，你是個屬於群眾的人。你喜歡朋友，也希望他們喜歡你。你真心渴望能被別人接納。

有些人在眾目睽睽之下，會渾身不對勁，但你不會這樣。你只要站在人前，就會頓時變得生龍活虎。你喜歡娛樂別人、逗笑、與他人同樂。人越多，你就越快樂。

你還有使人輕鬆的本事。當衝突蘊釀時，你會做和事佬，幫助雙方重修舊好。

只要善加保持這個優點，又能站穩立場，不向邪妄的唆使妥協，你是有能力一馬當先，領導群倫的。

相關的缺點: 過度重視別人對自己的想法與說法、易向同儕壓力妥協、做出自己無法達到的承諾、參與過多事務。

善於溝通

說話對你是一件易事。你非常有表達想法、意見、與觀念的天份。你的措辭遣句清晰明確，能使人輕易的意會你的想法與理念。

好的溝通是建立好的人際關係的重要因素，也是有志影響他人生命的人所珍貴的本錢。你在溝通方面的才華，能助你將寶貴的思想傳遞給別人，也因此幫助他人塑造他們的想法。

相關的缺點 多言、插嘴、油腔滑調、缺乏耐心聆聽。

勸勉者

你善於陪伴他人，用眞誠的話語與實際的協助行動，提昇他們的鬥志。每個人都有失去方向與希望的時候，令人感到意志消沉，而那正是我們需要你這種人的時刻。你能忘我地拋開自己的問題與煩惱，去幫助別人看見問題總會獲得解決的曙光。

鼓勵勸勉的方法很多，有時候你以話語建造別人；也有的時候你會及時伸出援手，以行動幫助別人。再不然，你會花時間陪伴別人，純粹去了解他、陪伴他。不論怎麼做，你的勸勉爲許多人帶來一股清香之氣。

相關的缺點: 不實的讚許。

善於表達、戲劇化

你很有說話的天份，能使人清楚明白你所表達的意念。有些人只會平鋪直敘的用名詞、動詞說明一件事，你卻是用藝術家的畫紙來發揮，讓聽者也隨之神遊。

你常常是一面說、一面手舞足蹈的，臉上散發出強勁的情緒，語調也高低變換。這種種都有助你緊緊的吸引住聽者的注意力，使訊息能明確的傳達出去。

這在表達情緒與事實眞象上，是一個不可多得的長處。一般人對腦海裡描述性畫面的領會，比單純的言語要好的多了。你的善於表達，使別人對生活的看法更加豐富。

相關的缺點: 誇張渲染。

幽默

　　你遇事總是看它的光明面，並懂得從中尋找樂趣。在你這種有幽默感的人身邊，是樂趣無窮的—這不見得是因為大家都想捧腹大笑一番，而是由於幽默的人通常有正面而良好的心態。

　　幽默能使別人放鬆，減輕緊張的氣氛。你這樣的人幫助我們大家鬆弛一點，並瞭解到為什麼神將歡笑賞賜給我們。

　　相關的缺點：耍嘴皮、耍把戲、對事不夠嚴謹（藉幽默遮掩問題。）

想像力豐富

　　你的天份就是有活潑生動、又極具創意的想像力。你能在腦海裡形成一樣東西的影像，即使眼前沒有實物，還能清楚看見它。像你這樣有想像力的人，曾經創作出許多偉大的藝術品、文學、與戲劇；他們還發明過許多機械、提出新觀念與計劃，使我們的生活大被提昇。想像力是發明之母，新點子帶來新局面。你的想像力能讓你洞悉未來的各種可能性。

　　善用你的想像力，就能為這個世界帶來偉大的福祉，因為神給你這樣的能力，使你不單看現狀，更能預見未來可能成就的事。

　　相關的缺點：作白日夢、不切實際。

熱心

　　你毫無保留的將滿腔熱忱與努力投向追尋的事物中，整個人浸淫在活動裡。你不像其他人隨著生活的高低起浮度日，你卻懷著熱忱生活。生活對你而言，不僅止於一些固定的作息，而是用來向世人彰顯你所重視的是什麼。

你喜歡步調快一些，也要有決定下一步的自由，這才能滿足你的熱忱，保持愉快的心情。

帶著這個優點，你足以對許多人的生命造成深遠的衝擊，幫助他們更積極正面的看待自己所做的事。

相關的缺點：欠缺組織能力、缺乏客觀性。

具有說服力

這表示你能說出一些話，使他人同意你的想法或做法。而這些人聽了你的話後，會改變態度，或是因著你的緣故，採取與先前不同的行動。

偉大的領袖都是有說服力的人，因為他們必須將具有各種不同背景與生活觀的人，一起引導，歸向一個特定的目標。你具備了領袖的重要特質，好好使用，就會發現這優點是廣為需要的。

相關的缺點：霸道、專制。

樂觀、積極

你對人對事都看好的一面，這就是我所說的樂觀。樂觀的人，在多數情況中，一心期望最好的結果。很多人只盯著負面看，在各種情況下，過於專注在可能發生的問題上。即使眼前一片暗淡，你還是滿懷憧憬與期望，也不容易灰心喪膽。樂觀加上嚴謹探討事實的態度，能激發別人追求至善，而不是庸庸碌碌的度日。

　　當然，偶爾你也會像他人一樣有負面的想法。雖然不是每個逆境都能找出好的一面，但是大致說來，你這個積極進取的人，仍願用正面的態度看待困境。在這種態度的基礎上，新的對策就能因應而生。這也有助提昇他人的意志。

　　相關的缺點：理想主義、不切實際、缺乏目標、即使看到事實，仍然過於情緒化；爲強調感覺而忽視事實。

隨興、有彈性

　　你喜歡參與活動，即使是臨時通知，也肯即刻起身加入。有的人喜歡預先做活動計畫；做計畫雖是好事，但有時候也需要順勢而行。你懂得這個竅門。你不但能立刻起而行，而且喜歡冒險嘗試新奇特異的事物。你通常不會因事與願違而感困擾；只需調整應變，順勢前進，盡力而爲。你不想被一堆細瑣的事纏繞，喜歡按照自己直覺反應與預感行事。這個特質使你成爲一個令人相處愉快的人。

　　相關的缺點：衝動、缺乏急迫感、欠缺組織能力。

高度S型值得誇讚的特質

接納

你能使別人對自己感到自信,他們知道與你同在時,可以輕鬆自在,無需矯揉做作,假裝成另一副嘴臉。

因為你容許別人保有自己的本色,也就給予他們犯錯的自由。當一個人有失敗的自由時,就敢冒險嘗試—這也使他們有成大事的機會。因此,接納別人就是在他們內心打下根基,藉之發展成功、達成理想。

相關的缺點:缺乏堅定的信念、太過仁慈。

知足

大多數的人希望能在所投入的事上志得意滿,但並非人人都能得到。有的人給自己定下高不可及的標準,所以得不到太多的成就感。知足、或是淡泊的意思是指即使在困難叢生時,你還是能比他人更樂觀,事實上,你更能從中察覺出益處。這使得在你周遭的人更感放鬆。你總是能在每個平庸的日子中,嗅出玫瑰的芳香。

相關的缺點:懶散、漫無目的、不夠主動。

樂於助人

在現今世代中，一般人很容易被自己的事務所掩埋，以至看不見別人可能正等待著援手。可是你卻注意得到，而且肯慨然相助。你幫忙的動機並非是為了獲取回饋，純粹是懷著人溺己溺的心腸，願為此人付出最好的協助，哪怕他根本無以回報。

大多數的人都說，最令人永生難忘的人，就是真誠地伸出援手的人。

在你生活中的人，都知道你很關心他們，而且你會為他們的問題謀求解決之道。你的關懷絕對是他們最大的鼓勵，這個世界需要更多像你這樣的人。

相關的缺點：過度隨和、救難隊員。

合作

合作是指你有能力與他人以愉快的方式共事。你既不會因他人的貢獻感到威脅，也不會蠻橫的堅持自己所提出的想法，縱使那是個很好的主意。你相信別人也會有好點子，所以願意犧牲小我，完成大我，遵照大家的決議。

你具備良好的團隊精神，也明白三個臭皮匠勝過一個諸葛亮的道理。只要你肯提出自己的構想，你這種合作的能力，將是使你們的任務圓滿達成的極大助益。

相關的缺點：馬虎、過度附和、缺乏主張、輕易放棄。

仁慈、同情

別人悲傷時，你也悲傷，別人高興，你也跟著快樂。你雖然過自己的日子，但是也能體會別人的感受以及所承受的遭遇。別人和你相處，都會感到很舒暢，因為我們都喜歡與了解我們的人在一起。

你不只會為別人感到難過—你甚至於肯向前去安慰他。對那些歷經悲劇與憂傷的人來說，你會是他們極大的安慰，即使只是陪伴在他們身邊。

相關的缺點：容易受騙、容易被影響、過度承擔他人的問題—將問題攬在自己身上。

順服

跟隨者與領袖雙雙都需具有這個優點。順從的意思是指定意遵循掌權者所設定的規範生活。（例如：你的父母、老師、老闆）

即使不盡然同意他們的決定，你仍然會竭盡全力的執行你的任務與責任。在這個標榜個人英雄主義的社會裡，你立下了一個好榜樣，讓別人知道，在一個良好的權責組織下，如何能進展的更加順利。

相關的缺點：容易受騙上當、意志薄弱、向個人的責任感妥協。

好聽眾

你有多聽少說的傾向。你會全神貫注的聆聽別人所說的話，並且懂得三思而後言，所以你的回應往往能補充他人的言論。

這在發展人際關係上，是非常寶貴的優點。有的人太愛說話，以至於毫不在意別人說些什麼。他們只想伺機插嘴回話。你若能以適時的回答來平衡這個注意聆聽的優點，就會使人感到被欣賞與被接納。

相關的缺點：缺乏溝通。

穩定

你在固定的作息與熟悉的做法中最感舒適。快速變換會使你感到不安；你寧願一切都保持原狀。

在這個日新月異的時代，不可能一切都毫不改變的。在某些情況下，用一點變通性來平衡你沉穩的習性，將有助你更有效的面對這些改變。

因爲你是個穩重的人，當我們的生活掀起風暴時，你就成了穩定軍心的錨。

相關的缺點：拒絕接受改變或新觀念、缺乏彈性、固執。

謙遜

謙遜就是指你不會因著自己的所做所爲而強出頭。也就是說，你不炫耀自己。

對你來說，談論別人的成就，比褒揚自己要自在得多。你雖然也希望被人欣賞，但卻不想以公開張揚的方式。當別人一心想要引人注目的時候，你的謙遜卻令人耳目一新。

相關的缺點：拒絕恭維、不接受讚美、對自己的能力打折。

值得信賴

　　你是個說話算話、說到做到的人。即使做起來並不方便，還是會全力以赴。大家都信賴你，知道你做事認真負責，並且答應做的事，就會貫徹到底。

　　如果始料未及的情況發生，使你難以信守先前的承諾，你也會預先照會對方。你每一次付出的努力，都是最佳作品，哪怕是千篇一律的固定工作，或是反覆不變的事情。

　　你對人對事都能付出堅定不移的忠誠，就算會讓自己犧牲很大，也在所不惜。就運動熱忱來說，你可謂為"至死不渝"的運動迷。就國民的身份來說，你可稱得上是愛國志士。你這忠誠的優點，成了周遭之人的啟示。而你的言行合一也是別人對你有信心的原因之一。你是值得信靠的！

　　相關的缺點：過於通融、容易被利用。

高度C型值得讚許的優點

分析透徹

能夠洞察一個人、一種情況，又能輕易地辨識出優缺點，真是一種很大的長處。你能從人身上或際遇中，很快的悟出別人注意不到的事情。

有了這種分析的優點，再適當的藉著分辨恰當的時機來指正他人的缺點、或保持緘默作為平衡的方法，將會使事情更加完美。每一個計畫委員會都至少需要一位分析性的人物，能迅速觀察出情勢的利害兩面。我們也需要你這樣分析透徹的人，幫助我們察驗內心，發掘我們的長處。

相關的缺點：過度挑剔，猜疑，過度分析。

好奇

你有個好問的頭腦。單看事物表面的運作，無法滿足你的疑問，因為你渴望能瞭解背後的做法與原因。

你這種質疑的頭腦，燃燒出嶄新的思路，摸索著不同的回答，並不願安於現狀。真感激你們這種好奇的人，使科學、醫學與技術都日新月益的進步著。以對他人所需的敏感性來平衡你的好奇心，發揮在為人尋求福祉上時，就變成一個很大的優點。

相關的缺點：愛打探隱私，過度發問，"盤查"他人。

小心謹慎

你喜歡依照自己的時間與做法行事，不願冒然採取新的做法。在行動前，你會預先考慮周詳，評估各種可能的選擇與結果。這種小心謹慎的特質，使你免於倉卒間做出不智的決定。

這個優點也讓你不至於在沒有準備的情況下，被迫做自己不願做的事，使你免於許多未來的傷痛。

相關的缺點：不合群、缺乏膽量、猜忌、不信任別人。

真誠負責

你做每件事都認真努力，竭力追求完美。你將注意力集中在重要細節上，並且熱衷於精準無誤的執行任務。你為了確保事情不出差錯，甚至願意留守在任務上，直到一切紕漏都被整頓妥當。

因為你具備了這個特質，所以成為任何策劃團隊所珍惜的寶貴資產。因為你堅持在行動前做成計畫，所以有些人會對你失去耐性，他們一心只想往前衝，但是到頭來，就會體會到你的做法才是明智之舉。

相關的缺點：過度擔憂、完美主義。

客觀

你在面對問題與決定時，有辦法從各個角度去思想，又能分辨事實，釐清感受與不同的意見。你甚至於有辦法了解與自己看法相左的人的感受、觀點與背景。

這個優點能讓你小心衡量問題的各個層面，並不扭曲事實。這在任何一個團體中，都是一種無價的資產。

相關的缺點：不夠敏感、冷漠、缺乏情緒反應。

明辨

　　你不論對人對事，都有深刻的體認。在這個過於看重外表與瞬間印象的世界裡，實在需要更多像你這樣不以貌取人的人。

　　你有辦法揭露表面之下的真象，你的直覺感不僅使你瞭解真象，還讓你懂得該怎麼做才好。聖經原理也能使你的辨識能力更加鋒利。帶著這個優點，能讓你與別人共事時，貢獻良多。所以，不管是對人或對事，繼續保持審慎思想的態度，就能更清楚該採取什麼行動。

　　這項優點也有助於不和的人之間，進一步了解彼此。你在團體中，是個寶貴的人物。

　　相關的缺點：難以了解此人的思想邏輯與獲得結論的過程。

思想嚴謹，胸有成竹

　　你對自己的責任與工作都很重視，決定要做的事，就會卯足全力的做。大家都知道好的成果不是從天上掉下來的，所以你也懂得要做好萬全的準備，才會得到最佳的努力成果。你有未雨綢繆的能力，並且會針對任務籌算所需的時間、技能、與精力。這個特點使得別人對你所做的事很放心，因為他們知道你所做的事，都是經過再三的深思熟慮了。

　　相關的缺點：完美主義、耗費過多時間方能完成任務。

自我節制

這是指你有能力查驗自己的情緒與行動，並且當別人都怒髮沖冠、或情緒失控時，仍能保持冷靜的頭腦。你對自己的欲望也拿捏的很好，也勇於向對自己有害的舉動說不。

相關的缺點：冷漠無情。

勤奮

就是說你在所做的事情上，總是埋頭苦幹。雖然有些人似乎拼命想推卸份內的工作，但你與他們不同。你絕不會避重就輕、走捷徑，因為你深知一分耕耘、一分收穫的道理。這正是別人信任你凡事會盡最大努力完成工作的原因。

這個勤奮的優點使你所做的盡都順利成功，因為你在未能達成前，是不會半途而費的。這也使你成為任何一項計劃中不可或缺的中流砥柱。

相關的缺點：對己對人都要求過多，或過於要求精確（這個現象可能是隱藏不露的。）

行事端正

你的處世標準崇高，而且堅守不渝。做事不馬虎，也不喜歡犯錯。對你而言，做的"對"是相當重要的。只要你能用容忍來平衡這個優點，並且允許自己及別人偶爾的失誤，必能為許多計畫與生命中的人帶來許多貢獻。

相關的缺點：一板一眼、好評論、挑剔。